日本古典名著图读书系

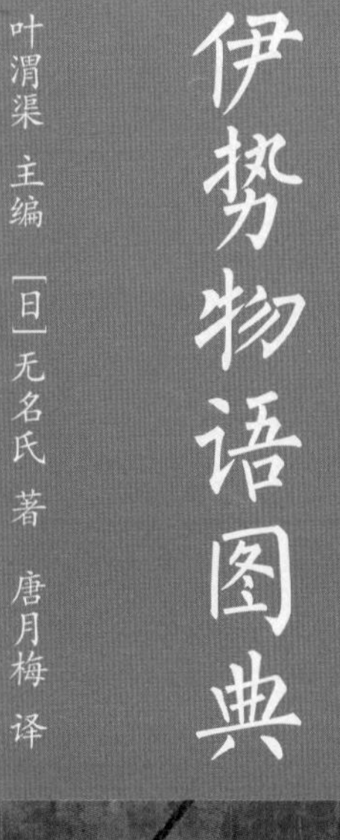

伊势物语图典

叶渭渠 主编

[日]无名氏 著

唐月梅 译

上海文化出版社

几度绚丽的彩虹

（代总序）

叶渭渠

彩虹是绚丽的。

日本古典名著图典的“绘卷”，就像几度绚丽的彩虹。

日本的所谓“绘卷”，是将从中国传入的“唐绘”日本化，成为“大和绘”的主体组成部分。11世纪初诞生的《源氏物语》就已有谈论《竹取物语绘卷》和《伊势物语绘卷》的记载。换句话说，最早的“物语绘卷”此前已诞生了。它是由“绘画”（“大和绘”）和“词书”组成。丰富多彩的绘画，可以加深“物语”的文化底蕴，立体而形象地再现作家在文本中所追求的美的情愫。而“词书”则反映物语的文本，帮助在“绘卷”中了解物语文本。这样，既可以满足人们对文本的审美需求，也可以扩大审美的空间，让人们在图文并茂的“物语绘卷”中得到更大的愉悦，更多的享受，更丰富的美之宴。

我们编选的这五部古典名著图典的源泉，来自日本古典名著《枕草子》、《源氏物语》、《竹取物语》、《伊势物语》、《平家物语》所具有的日本美的特质。换言之，在这些物语或草子的“绘卷”中，自然也明显地体现了日本文学之美。

我们读这些“绘卷”——日本古典名著图典，不是可以重新燃起对《枕草子》、《源氏物语》、《竹取物语》、《伊势物语》、《平家物语》的热情和对这些古典的憧憬吗！不是也可以同样找到日本美的特质，触动日本美的魂灵，体味日本美的情愫吗！总之，我们像从日本古典名著中可以读到日本美一样，也同样可以从这些图典中发现日本美。

《枕草子图典》，内容丰富，涉及四季的节令、情趣，宫中的礼仪、佛事人事，都城的山水、花鸟、草木、日月星辰等自然景象，以及宫中主家各种人物形象，这些在“绘卷”画师笔下生动地描绘了出来，使洗练的美达到了极致，展现了《枕草子》所表现的宫廷生活之美、作者所憧憬的理想之美。

《源氏物语图典》，规模宏大，它不仅将各回的故事、主人公的微妙心理和人物相互间的纠葛，还有人物与自然的心灵交流，惟妙惟肖地表现在画面上，而且将《源氏物语》的“宿命轮回”思想和“物哀”精神融入绘画之中，将《源氏物语》文本审美的神髓出色地表现出来，颇具优美典雅的魅力与高度洗炼的艺术美。

《竹取物语图典》，在不同时代的“绘卷”中，共同展现了这部“物语文学”鼻祖的“伐竹”“化生”“求婚”“升天”“散花”等各个场面，联接天上与人间，跃动着各式人物，具现了一个构成物语中心画面的现实与幻梦交织的世界，一个幽玄美、幻想美的世界。

《伊势物语图典》，“绘卷”忠实地活现了物语中王朝贵族潇洒的恋爱故事，运用优雅的色与线，编织出一个又一个浪漫的梦，充溢着丰富的抒情性之美。“词书”的和歌，表达了人物爱恋的心境和人物感情的交流，富含余情与余韵。“绘画”配以“词书”，合奏出一曲又一曲日本古典美的交响。

《平家物语图典》，形式多样，从物语绘、屏风绘、隔扇绘、扇面绘等，场面壮观，以表现作为武士英雄象征的人物群像为主，描写自然景物为辅。它们继承传统“绘卷”的雅致风格，追求场景的动的变化和场面的壮伟，具有一种感动的力量，一种震撼的力量。

这五部古典名著图典一幅接连一幅地展现了日本古典美的世界、日本古代人感情的世界、日本古代历史画卷的世界。观赏者可以从中得到人生与美的对照！可以从中诱发出对日本古代的历史想象和历史激情！

从这五部古典名著图典中，可以形象地观赏这几度彩虹的美，发现日本美的存在，得到至真至纯的美的享受！

目录

导 读 …………………………………………… 1

第一段 ……………………………………………1
第二段 ……………………………………………4
第三段 ……………………………………………5
第四段 ……………………………………………6
第五段 ……………………………………………7
第六段 ……………………………………………8
第七段 …………………………………………… 11
第八段 …………………………………………… 12
第九段 …………………………………………… 14
第十段 …………………………………………… 18
第十一段 ………………………………………… 19
第十二段 ………………………………………… 20
第十三段 ………………………………………… 22
第十四段 ………………………………………… 24
第十五段 ………………………………………… 26
第十六段 ………………………………………… 28
第十七段 ………………………………………… 32
第十八段 ………………………………………… 33
第十九段 ………………………………………… 34

第二十段 …… 35
第二十一段 …… 38
第二十二段 …… 42
第二十三段 …… 44
第二十四段 …… 48
第二十五段 …… 50
第二十六段 …… 52
第二十七段 …… 54
第二十八段 …… 56
第二十九段 …… 57
第三十段 …… 57
第三十一段 …… 60
第三十二段 …… 61
第三十三段 …… 62
第三十四段 …… 63
第三十五段 …… 63
第三十六段 …… 64
第三十七段 …… 66
第三十八段 …… 68
第三十九段 …… 70
第四十段 …… 73
第四十一段 …… 74

第四十二段 …………………………………………………… 76
第四十三段 …………………………………………………… 78
第四十四段 …………………………………………………… 80
第四十五段 …………………………………………………… 82
第四十六段 …………………………………………………… 83
第四十七段 …………………………………………………… 86
第四十八段 …………………………………………………… 88
第四十九段 …………………………………………………… 89
第五十段 ……………………………………………………… 90
第五十一段 …………………………………………………… 93
第五十二段 …………………………………………………… 93
第五十三段 …………………………………………………… 94
第五十四段 …………………………………………………… 96
第五十五段 …………………………………………………… 96
第五十六段 ……………………………………………………100
第五十七段 ……………………………………………………100
第五十八段 ……………………………………………………101
第五十九段 ……………………………………………………103
第六十段 ………………………………………………………105
第六十一段 ……………………………………………………106
第六十二段 ……………………………………………………108
第六十三段 ……………………………………………………112

第六十四段 ……………………………………………………114
第六十五段 ……………………………………………………115
第六十六段 ……………………………………………………119
第六十七段 ……………………………………………………120
第六十八段 ……………………………………………………122
第六十九段 ……………………………………………………123
第七十段 ………………………………………………………126
第七十一段 ……………………………………………………127
第七十二段 ……………………………………………………128
第七十三段 ……………………………………………………129
第七十四段 ……………………………………………………130
第七十五段 ……………………………………………………131
第七十六段 ……………………………………………………133
第七十七段 ……………………………………………………134
第七十八段 ……………………………………………………135
第七十九段 ……………………………………………………137
第八十段 ………………………………………………………138
第八十一段 ……………………………………………………140
第八十二段 ……………………………………………………142
第八十三段 ……………………………………………………145
第八十四段 ……………………………………………………147
第八十五段 ……………………………………………………148

第八十六段 ……………………………………………………149
第八十七段 ……………………………………………………150
第八十八段 ……………………………………………………153
第八十九段 ……………………………………………………154
第九十段 ………………………………………………………156
第九十一段 ……………………………………………………157
第九十二段 ……………………………………………………158
第九十三段 ……………………………………………………160
第九十四段 ……………………………………………………161
第九十五段 ……………………………………………………162
第九十六段 ……………………………………………………163
第九十七段 ……………………………………………………165
第九十八段 ……………………………………………………166
第九十九段 ……………………………………………………167
第一百段 ………………………………………………………169
第一百零一段 …………………………………………………170
第一百零二段 …………………………………………………172
第一百零三段 …………………………………………………173
第一百零四段 …………………………………………………174
第一百零五段 …………………………………………………175
第一百零六段 …………………………………………………176
第一百零七段 …………………………………………………177

第一百零八段 ……………………………………………179
第一百零九段 ……………………………………………180
第一百一十段 ……………………………………………181
第一百一十一段 …………………………………………184
第一百一十二段 …………………………………………186
第一百一十三段 …………………………………………187
第一百一十四段 …………………………………………188
第一百一十五段 …………………………………………189
第一百一十六段 …………………………………………190
第一百一十七段 …………………………………………192
第一百一十八段 …………………………………………193
第一百一十九段 …………………………………………194
第一百二十段 ……………………………………………198
第一百二十一段 …………………………………………200
第一百二十二段 …………………………………………201
第一百二十三段 …………………………………………202
第一百二十四段 …………………………………………203
第一百二十五段 …………………………………………204

图片索引………………………………………… 207

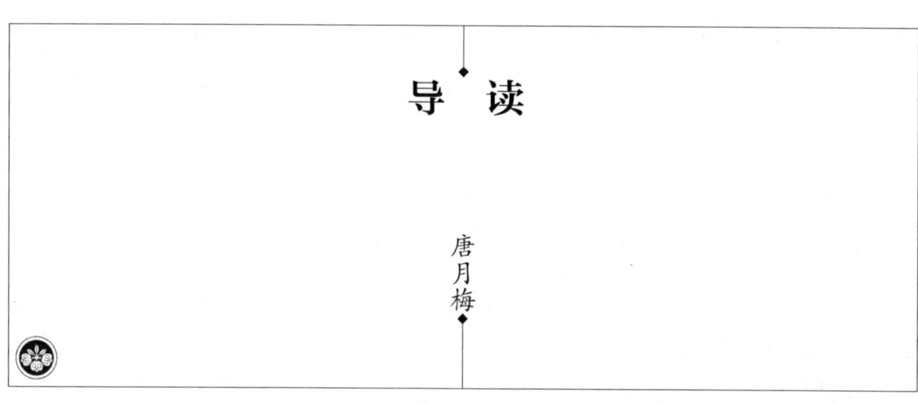

导读

唐月梅

《伊势物语》与《竹取物语》是日本物语文学的滥觞。《竹取物语》是虚构物语，《伊势物语》是歌物语，两者不可分割地掀开物语文学历史的一页。《伊势物语》的问世年代与《竹取物语》相差不远，一般认为，成书年代是延喜元年（901年）之后，即约在10世纪初，《古今和歌集》问世之前已有原型，现在的存本是《古今和歌集》之后成立的。

关于本书的作者，众说纷纭，一种说法是，由于物语的中心人物是三十六歌仙之一的在原业平，而当中的和歌又以他撰写的居多，另外多少还收入了在原业平的日记、作歌备忘录等，所以推断作者是以在原业平为主，后人补笔；或是平安朝初期的歌人，以在原业平的歌稿为中心而编成的。另一说是歌人伊势之作。还有一说认为作者是《古今和歌集》和《新撰和歌集》的撰者、歌人纪贯之的手笔。至今仍没有统一的论断。有关作者的说法，无论怎样不一致，但物语的主要人物都与在原业平有关。在原业平是阿保亲王的第五王子，也称在五中将，或称在中将，所以《伊势物语》又称《在五物语》或《在五中将日记》。

那么，作为歌仙的在原业平究竟是怎么样的一个人物呢？据 10 世纪初问世的《三代实录》记载：在原业平"体貌闲丽，放纵不羁，略无才学，善作和歌"。当时贵族男子将学习汉学放在教养的首位，和歌还未受到重视。所谓才学，是指汉学。所谓业平"略无才学"，就是指业平很少受到汉学的影响。另据古注，在原业平与女性相交的共三千多人，其"好色"并不是专一的对象，而是倾注在众多的女性上。但他追求的不完全是肉体的价值，而是更注重精神的价值，更重视精神与肉体的完美结合。

《伊势物语》这一书名之由来，也有各种不同的解释。有的人认为书中谈及伊势斋宫，或全书最重要的是叙述伊势斋宫的事，有的人认为书中涉及伊势国之事，也有的人认为作者是名叫"伊势"的女歌人。更有的人则认为伊是女，势是男，正是男女的故事，所以才称作《伊势物语》。

《伊势物语》是日本最早出现的"物语"这个文学模式之一。所谓"物语"，从和文"ものがたり"这个词来说，是将发生过的事向人们细说的意思。这是将和文文体与和歌并用而创造出来的，是作为散文文学的最早的小说模式。

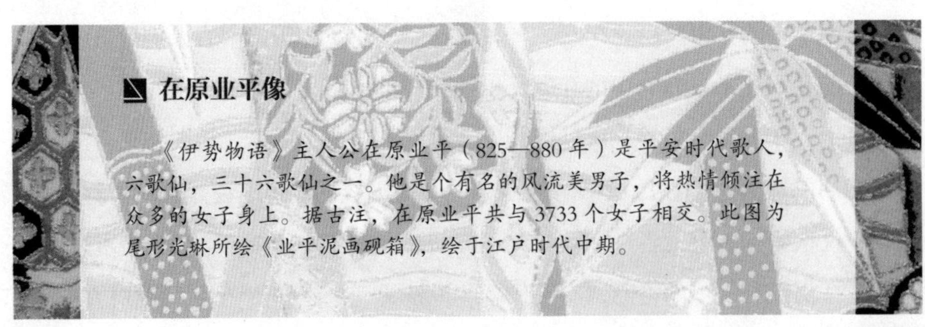

在原业平像

《伊势物语》主人公在原业平（825—880 年）是平安时代歌人，六歌仙，三十六歌仙之一。他是个有名的风流美男子，将热情倾注在众多的女子身上。据古注，在原业平共与 3733 个女子相交。此图为尾形光琳所绘《业平泥画砚箱》，绘于江户时代中期。

作为日本第一部歌物语的这部物语，是以和歌为母胎发展起来的。说得具体点，是以《在原业平集》的和歌为中轴发展而来的。它由一百二十五段、二百零六首和歌（也有的版本为二百零九首）并列构成。可以说，每段都是以一首或多首和歌为中心，各段相对独立，互相联系不大，但精神是相通的，主要通过歌人在原业平（多用“此男子”表现）将每个恋爱的小故事松散地贯穿起来，没有完整统一的情节，却贯穿以“真实”为根基的“风流”“好色”审美情趣。特别成为重点段的歌，在原业平的歌占多数，其中有三十首以在原业平之名，收入《古今和歌集》。在这部物语中，歌的抒情与简洁文体的叙事，两者相调和，创造了歌物语的新水平。

这部以写实为基础的歌物语，与《竹取物语》这部虚构的浪漫传奇物语的诞生，两者的统合，使写实兼浪漫的故事与诗歌相结合，形成了一种新的“物语”品种——创作物语《源氏物语》，把日本古代文学推向巅峰。可以说，《伊势物语》在这个“物语”文学发展的历史进程中，起到了中间关联环节的巨大作用。

《伊势物语》的故事写的是从主人公举行戴冠仪式开始，以主人公与二条后相恋、失意后外出东国游猎、任伊势狩猎敕使时与斋宫私通等三大事件为核心而展开，最后以主人公辞世画上了句号。此物语叙说在原业平一代的风流逸事，宫廷内外的恋爱情事，一直到他临终赋诗感慨人生。书中以在原业平的史实与虚构交织，反映的主要是男女间的情爱。其中有男女的纯真爱情，夫妇的恩爱；也有男人的偷情，女人的见异思迁。它表现了风流的情怀，好色而不淫。也有的地方对王朝歌功颂德，对暮年的悲伤慨叹；有的地方则注重对社会生活，主要是贵族生活的描写，如皇上行幸，高官宴饮；有的地方则是对景致的描写，以景托情；也有个别地方写到了身份低微之人，如“在荒凉乡村里的美女”“在农村耕作的人”“身份卑贱的仆役”的生活，从不同角度揭示了喜怒哀乐的种种世相。以第四十段为例：

一个富家的男子爱上他母亲使唤的丫鬟，父母认为这少女是卑贱之身，加以反对。男子没有一点反抗的勇气，少女更无力去抗争，最后少女被主人驱逐出门，她咏了一首和歌托人送给这男子，歌曰：

若问送我至何方，
悲别泪河甚渺茫。

一代歌仙的终焉

《伊势物语》是描写一代歌仙在原业平从戴冠到终焉的风流一生。他的一生被人尊崇为“歌仙”“歌神”。图为歌人在原业平与住吉明神在神社的鸟居［牌坊］前咏歌的场面。本图选自异本《伊势物语绘卷》，原本作于镰仓时代末期，本图为绘卷中卷第七图，绘于江户时代后期。

这男子读了这首歌，潸潸泪下，咏歌一首：

棒打鸳鸯强拆离，
今非昔比更悲戚。

这一简短的描写社会地位不同的青年男女的爱情小故事，不仅表现了纯洁的爱情，而且揭示了古代贵族社会在婚姻问题上存在的不合理的门阀制度，流露了趋于没落的贵族的彷徨、孤独和不安的思想情绪，最后是以回避矛盾来结束故事。不难看出，在贵族社会里，婚姻制度是社会制度的有机组成部分。它从一个侧面反映了当时社会存在的贵族豪门和市井细民之间的对立。

《伊势物语》故事的描述和人物的刻画无限地使用和歌的材料，散文则非常简洁，多者一段二三千字，少者二三十字，而且各段之间似相连又不相连，各有

其不同内容。在表现方法上，通过作品中人物的语言和行为的描写，来刻画人物性格，同时，还随处散见《在原业平集》中在原业平的和歌。它运用大量和歌，来表现作品中人物的思想感情，文与歌相辅相成，达到完美的契合。说它是“歌物语”是非常贴切的。其中的一些描写，更是全有赖于吟咏和歌而成立的。比如，第五十四段全文是：

昔日有个男子，咏歌一首赠予一个无情的女子，歌曰：

哪怕梦里亦欲逢，
袖湿疑是夜露浓。

这段寥寥几笔文字，托出一首和歌，把男子的痴心，女子的寡情的心理状态表现得活灵活现。

《伊势物语》还有一个很大的特色，就是在继承古代“真实”的审美意识，即心的真实、情的真实的同时，又贯穿了“好色”的审美理念［在这里，“好色”是指美的恋爱情趣，多角男女关系的风流游戏］。在日语里，与汉语“好色”两字仅含贬义不同，它作为美学概念，“好色”这个词是有多层的含义，是一种选择女性对象的行为，探求心与情的真实，灵与肉两方面的一致性，这是以恋爱情趣作为主要内容，而不完全是爱好色情。

《伊势物语》第三十三段这样写道：

昔日有个男子，与家住摄津国兔原郡的一个女子私通。此女子估计男子此次返回都城后，再也不会回到自己的身边，便怨恨此男子无情。

缘此，此男子作歌一首相赠，赠歌曰：

思君情意与日增，
恰似满潮芦苇深。

女子答歌曰：

情意深似江湾水，
撑杆焉能测深邃。

一个乡间女子能咏出这样的歌，是好是坏姑且不论，首先恐怕是无可指责的吧。

在第三十九段中更是象征性地显示了那个时代的“好色”实态。这段是这样描写的：

昔日有位西院天皇，他的公主名叫崇子。

公主芳年早逝。举办葬仪之夜，一个住在宫邸附近的男子想一睹葬礼的仪式，便乘上一辆女车出发了。

守候了好久，却未见灵车出来。此男子原本只想表达哀悼之意，无心观看热闹，正想回家之时，驰名于世的诙谐家源至也赶来看热闹。他看见这边的车子是女车，便朝这边走过来，说了一些挑逗的话。源至最爱看女子，拿了些萤火虫投入女车中。

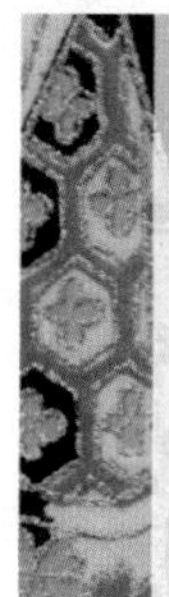

在原业平歌仙绘

日本美术于镰仓时代流行歌仙绘。图为三十六歌仙绘之一的白描画体“业平绘”。此图选自后鸟羽院本《三十六歌仙绘》，绘于镰仓时代。

车内的女子心想："凭借这点萤火光，不至于照见我们的面影吧。"于是，她正想将萤火虫往车外驱赶时，坐在车上的那个男子就咏了一首歌赠给源至。歌曰：

灵车断送妙龄人，
莫非未闻哀号声。

可是，源至答歌曰：

哀嚎声声肠撕裂，
芳魂不似灯火灭。

作为天下第一诙谐家的歌来说，似乎太平庸了。

从这里可以看出，作者所描写的好色家源至等人的这种恋爱，是从一种美的价值来审视，与风雅的审美情趣相结合的。

上述两段从不同角度，描写了女子与此男子的恋爱，没有肉体的接触，但她仍有似江湾水的深情，表达了她好色的洗练。这表明在作者笔下，他们不是盲目的性本能冲动，而是将"好色"即恋爱情趣与艺术和美完全融合。这是《伊势物语》的基本特色，也是平安王朝文学"好色"美理念的重要性格。

《伊势物语》有的段用散文配和歌来描绘景物，以增添风光的气氛。比如第九段中写到游富士山：

仰望富士山，在五月末的炎热时令，山顶上还覆盖着皑皑的白雪。男子又赋歌曰：

富士不知时令迁，
皑皑白雪积终年。

若以都城的山相比，富士山的大小可比得上二十个比睿山。其形状像个研钵，确实很美。

用这样简洁的散文，配以和歌，借景托情，将富士山四季如一的银装素裹的山峰，出色地描绘出来，歌颂了作为日本国象征的富士山的壮丽景观，借此抒发了对故国山河眷恋的情怀。

最后的第一百二十五段，总括了男主人公在原业平的一生，写道：

昔日有个男子，病入膏肓，自知行将谢世，弥留之际咏了这样一首歌：

人终有死早闻见，
未料瞬间踏黄泉。

近古国学家评说道："读后人吟咏虚伪的辞世及悟道之歌，皆是伪善，甚为可憎。业平一生之诚意，尽现此歌中。后人一生的虚伪，也表现在他们各自之歌内。"也许这不仅是对在原业平的评价，也是对《伊势物语》所描写的贵族社会男女情爱或"风雅"（みやび）、"好色"（色好み）审美的一种看法吧。作者本人在书中开卷直言，他是"即兴咏歌，以表达风流的情怀"。

在艺术表现形式上，《伊势物语》与《万叶集》在歌与歌之间附短文或一联的歌附左注相仿，甚至可以说是由《万叶集》第十六卷中在和歌的前面带有故事性的题序演化而成的。同时也描写了不少与《万叶集》的两男子争爱一女子，或一女子有着许多情郎相似的故事，特别是以同时代的三十六歌仙之一的在原业平的歌为中心，在歌中驰骋着文学的想象力而展开主要故事情节。还有《万叶集》中大伴家持的歌日记，就已是日本文体与和歌的结合。这些都足以说明这部物语文学作品与上古日本文学的亲缘关系。这是本土的内在传统与延续。

在外在因素来说，《伊势物语》又吸收了中国唐代孟棨《本事诗》的“以诗系事”精神。孟之采用这种创体，正如他在《本事诗》序中所云：“诗者，动情于中而形于言。其间触事兴咏，尤所钟情，不有发挥，孰明厥义事？因采为《本事诗》。”也就是说，通过诗文互补，叙说着世间的故事和讴歌人间的情爱。《伊势物语》正是在本土《万叶集》歌日记的基础上，吸纳中国唐代以来的“本事诗”的创体，创造了颇有日本特色的书体例之作。这是自有文字文学以来，和汉文学接触而达到完美结合的最早例证之一。

总括地说，《伊势物语》以在原业平为原型，完全取材于贵族社会的现实生活，有其一定的生活素材的积累，然后加以提炼和虚构，再充分发挥了文学的想象力。它完全抹去了《竹取物语》那种上古神仙谭、说话点缀的痕迹，确立了文学的虚构源于生活的基本原则，具有更起伏的故事情节，更丰满的人物形象，更深刻的心理描写，更增多了小说的艺术效果，对于完善作为古代小说的物语文学是起到先驱作用的，它为长篇小说的创作提供了丰富的经验。

最早出现《伊势物语绘卷》的记录，是在日本也是世界最早的长篇小说、紫式部著的《源氏物语》里。紫式部在第十七回“赛画”中，描写在赛画中，将参赛的绘卷，分为左右两方，来竞赛相互

所持有的“绘卷物”之优劣，最后由评判者来判定其胜负。具体谈及《竹取物语绘卷》与《空穗物语绘卷》〔已佚〕的比赛时这样写道：“其次，比赛的是，左方的《伊势物语绘卷》和右方的《正三位物语绘卷》〔已佚〕。两者优劣，亦难判定。”当时对《伊势物语绘卷》争论的焦点是：一些宫廷男子以为乃凡庸虚饰之作，来贬低《伊势物语绘卷》，贬低在原业平的盛名。因此，遭到了后宫女子的争辩，最后，一时未能判定两部“绘卷物”孰优孰劣。在这同一回里，紫式部又借藤壶中宫之口评说道：“不能埋没在五中将〔在原业平〕的盛名啊！”接着还吟歌表示：“伊势盛名岂可轻。”最后，《伊势物语》成为优胜者。通过《源氏物语》“赛画”卷的描写可以看出：平安时代之所以盛行“绘卷物”，正是由于平安王朝冷泉天皇对“绘卷物”的宠爱，以及后宫的女子对风雅之事的倾注和被在原业平之歌的魅力所吸引。她们喜欢举行“赛画”活动，将竞赛“绘卷物”作为一种优雅的游戏。这从一个方面说明：《伊势物语》及其主人公在原业平，在当时是得到贵族女子的赞赏的。举办“绘卷物”的竞赛，不仅直接促进以大和绘为主体的“绘卷物”的繁荣，而且在一定程度上也推动了物语文学的发展。

从这些记录中，足以证明在《源氏物语》诞生的平安时代，已经存在《伊势物语绘卷》，同时也说明物语文学形成的阶段，就开始制作“绘卷物”了。可惜《伊势物语绘卷》的命运不如《源氏物语绘卷》，现在已经失传。现存的《伊势物语绘卷》的遗作，是从镰仓时代开始直至江户时代末期，一直盛行不衰。然而，镰仓时代的遗作也很少，主要有白描和浓彩两大类，大多残缺不全，尤其浓彩仅余七图。各个时代的画师，根据《伊势物语》不同的文本，以各种绘画形态进行《伊势物语绘卷》的创作。许多绘卷还有词书，反映物语的文本，成为结合绘画，了解当时各种文本的重要手段。其中著名的《伊势物语绘卷》的版本有：

镰仓时代：《伊势物语绘卷》、久保家本《伊势物语绘卷》、异本《伊势物语绘卷》、白描《伊势物语绘卷》。

室町时代：嵯峨本《伊势物语绘卷》、定家本《伊势物语绘卷》、奈良绘本《伊势物语》、小野家本《伊势物语绘卷》。

江户时代：木刻版本《伊势物语》、屋宗达画《伊势物语图纸笺》、《扇面图屏风》、本阿弥光悦画《伊势物语绘卷》、尾形光琳画《扇面业平泥金画》《伊势物语》、《业平东下图》、《宇津山图团扇》、胜川春章画《风流锦绘伊势物语》、英一蝶画《业平涅图》、木版印刷《伊势物语歌碑》、真本《伊势物语绘卷》、土佐光起画《业平歌意图》、深江芦舟画《常春藤小路图屏风》。

大正时代：竹久梦二画《新译插图伊势物语》和《隅田川图》、小林古径画《武藏野》。

“绘卷物”以物语绘卷为主体兴起于平安时代末期。《伊势物语》的各类“绘卷物”，经历了镰仓时代引进我国宋元绘画的新手法，其后各时代的绘卷形式，虽仍是以横开长幅画卷为主，但其内容和表现手法已发生了很大的变化，逐步从以贵族为对象，走向以庶民为主要对象，走向了简明易解的表现和多样化的形式。

早期镰仓时代的绘卷继承平安时代物语绘卷尤其是《源氏物语绘卷》，屋宇采用鸟瞰式的屋内构图，省去建筑物顶部，人物则采用“引目勾鼻”法，即将眼睛画成一细线（引目），鼻子画成“く”字形（勾鼻），表现人物容貌，在无顶的空间中来描写人像与物象，使具象与抽象达到完美的结合。在技法上，仍保持细密的彩色法，特别质朴、纯净和清雅。人物形象高贵、典雅和凝重，尤其是女性的面容丰满、是一幅杨贵妃式的理想美人像。“绘卷”配上与绘画相关的用金银箔装饰的词书。最有代表性的，是镰仓时代的《伊势物语绘卷》，很多人物都是采用典型的“引目勾鼻”法，将男子恋路曲折的哀愁样子和女子旧日恋情绵绵的幽怨情思都表露无遗，同时他们所在的建筑物，都是采用省去屋顶法，透过无顶的空间，展露人与物的形象，其构图也是典型的平安时代物语绘卷的构图技法。

这些绘卷在继承平安时代物语绘卷的基础上，对“描卷物”的手法又有所发展和创新。其中镰仓时代后期、室町时代的白描相当发达，作为文本的插图而更显其重要。有的文本几乎每段都配上了插图，插图与文本是紧密配合的，并且表现了当时的佛前香炉、花瓶、烛台等风俗。占据着白描“伊势物语绘”主流的，是嵯峨本《伊势物语绘卷》和奈良绘本《伊势物语》，它们都表现了朴素的画风和书风。

进入江户时代，《伊势物语绘卷》达到了创作的高峰，更值得一提的是屏风画，金地着色，并具现大和绘的构图特色。《伊势物语图屏风》中的八桥图、瀑布图由大画面构成，将浓彩绘展开在多样的画面上，追求壮观与华丽，它与白描形成强烈的对照。

《伊势物语绘卷》画面形式走向多样化，比如屏风图、扇面图、泥金画、木刻插图、纸笺图等，从而获得了迅速的普及，渗入生活的领域。又比如歌牌的形式，以《伊势物语》的209首和歌为题，绘了209幅歌牌，绘画采用五彩色，和歌以

草体书写，流行于一般庶民，这是其他物语绘卷所没有的，也是一种新创。从“绘卷物”诞生之初，以宫廷贵族尤其贵族女性为主要鉴赏对象，到以一般庶民为主要欣赏乃至游戏对象，这是“绘卷物”的一大跃进。木版印刷的《伊势物语歌牌》是较有代表性的作品。

江户时代，各个有代表性的绘画流派，都积极参加《伊势物语》绘卷化的创造，且画派很多，主要是光琳派，这个画派的特点是表现圆熟、洒脱，构图采取省略与夸张结合，着色保持大和绘的传统，华丽而厚重。尾形光琳画《扇面业平泥金画》、《八桥泥金画砚盒》、《业平东下图》、《宇津山图团扇》，以及屋宗达画《伊势物语图纸笺》和《扇面图屏风》、本阿弥光悦画《伊势物语绘卷》都是属于这一派的杰出画作。

进入近代大正时代，虽然《伊势物语绘卷》已走向式微，但仍留下一些取材于《伊势物语》故事的绘画。竹久梦二画《新译插图伊势物语》和《隅田川图》、小林古径的《武藏野》，参照东方古典画法，既采用华丽的五彩，又展开简洁、清澄和端庄之美，树立了独自的新古典画风。

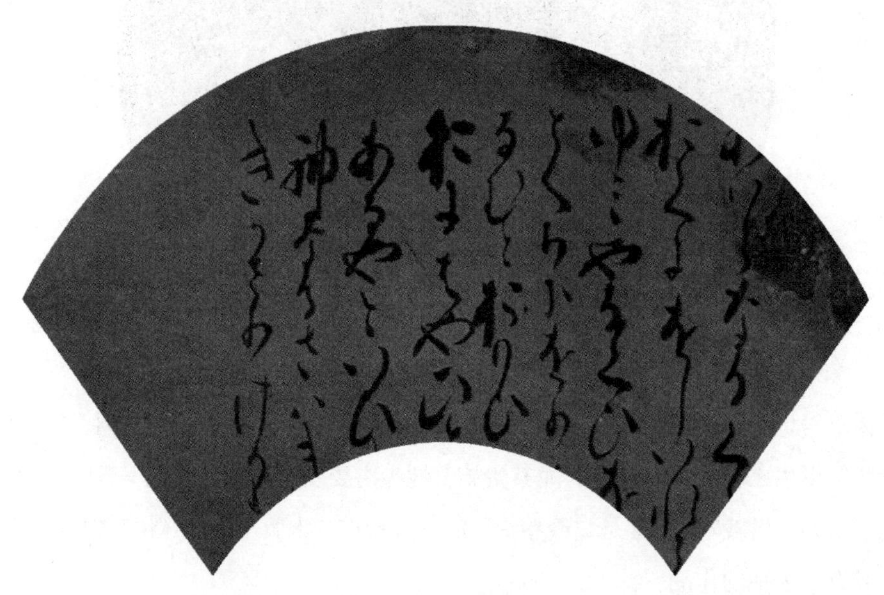

第一段

昔日有个男子，刚举行戴冠仪式［日本古时男子成年举行戴冠的仪式］。在都城奈良春日野附近的村庄里，他拥有自家的领地。他常到那里去打猎。这村庄住着一对文雅而又标致的姐妹。此男子无意中从篱笆缝隙里窥见她们。他没想到在这荒凉的村庄里，竟然住着看似无依无靠的两个美人，不由地心荡神驰。于是，此男子就将自己身披的信夫［今福岛县］产绢制的猎衣切下一小角，在上面写了一首歌，赠给姐妹俩。歌曰：

春日野遇紫花草，
激越恋心如潮骚。

他虽年轻，说话却一派大人的口气。

两个女子大概也觉得如此咏歌相赠，颇富情趣吧。于是，借用古歌之意，答歌一首：

君心何故如潮骚，
我心难免受纷扰。

昔日的人尽管年少，却已尝试即兴咏歌，以表达风流的情怀。

第二段

昔日有个男子，在都城奈良迁往新都城平安京，奈良当地居民已迁走，新的平安京的住户尚未建设完备之时，与家住新都城的西京一个女子邂逅。此女子的秉性和相貌，皆比世间一般女子优秀。她非但姿容秀美，尤其有一种高雅的气质。她似已有情人，而非独身。此男子却对她产生了真诚的爱，就去造访她，与她叙说种种话题。此乃春雨连绵的三月初，不知此男子回家后作何感想，他吟咏了以下一首歌，赠给女子：

不眠不寐思通宵，
望断春雨恋慕娇。

春日野遇紫花草（一）

刚成年的一个男子［即在原业平，下同］在春日野的自家领地里打猎，与文雅而标致的两姐妹邂逅，不由心荡神驰，吟唱一首歌赠予两姐妹。图为此男子与两女子相遇，即兴咏歌，画面尽展一代风流人物的风雅情怀。本图选自小野家本《伊势物语绘卷》，绘于室町时代中期。

第三段

昔日有个男子，将一些可制成羊栖菜食品的海藻，赠送给了他所恋慕的女子，并附赠歌一首，歌曰：

若能排遣相思苦，
曲肱卧葎又何妨。

这是二条皇后尚未侍奉清和天皇之前，还是普通身份的女子时的事。

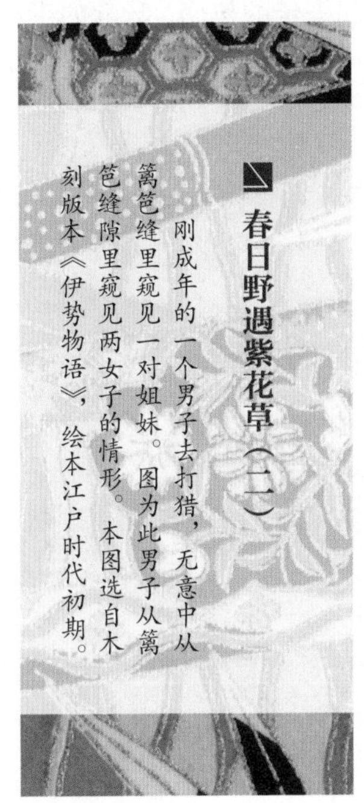

春日野遇紫花草（二）

刚成年的一个男子去打猎，无意中从篱笆缝里窥见一对姐妹。图为此男子从篱笆缝隙里窥见两女子的情形。本图选自木刻版本《伊势物语》，绘本江户时代初期。

第四段

往昔，皇太后住在都城的东京五条附近。在其西边对面的一幢房子里，住着一名女子。有个男子，他并非从一开始就恋慕这个女子，只因偶尔邂逅，一见钟情，交往日久，情意渐深。不料那年正月初十过后，此女子忽然迁居他地，销声匿迹了。此男子四处打听，方知她已在宫中。他不能随意前去造访，痛苦万状，送走了难熬的日月。

翌年正月，梅花盛时，此名男子想起去年这段往事，遂到女子所住的皇后宫邸西边对面的那幢房子去寻访。可是，女子已不住在那里了。他时而伫立眺望，时而坐下凝眸注视，只见周遭环境已非昔日的面影。此男子不禁热泪潸潸，倒在铺着地板的荒凉的宽阔廊道上，直至冷月西沉。他回忆起去年的热恋，咏歌如下：

月是去年月，春仍往昔春；
我身虽依旧，人面何处寻。

到了天色微明时分，此男子才哭着回家去了。

第五段

昔日有个男子，背人耳目，与家住东京五条附近的一个女子私通。这是一桩未经父母许可的偷情事，他进女子家，不能公开走正门，而是从乡间孩子们踏破的土墙缺口进出。此处本来是很少有人看见的，可是随着他进出的次数增多，女子的父母难免耳有所闻，于是他们在这爱恋的通道上，每夜都派人值班警戒。因此，男子尽管去探访，也无法相会自己的恋人，无可奈何只好折回家去了。此男子悲伤地吟咏了如下一首歌：

不为人知恋路峭，
惟盼守者盹通宵。

女子听说此事，埋怨父母太无情。但是后来，大概是女子的父母可怜他们吧，允许他们会面了。据说，其后她父母又听见世间流传此男子又悄悄地与那女子私通，遂令她的长兄来把守了。

第六段

昔日有个男子，与一个由于某种缘由而绝对不能公开结婚的女子私通，并且持续了好几年，这期间，此女子并不嫌弃这男子。最后此男子与女子商定好在一天黑夜里，由男子将此女子偷出来。他们在朦胧夜色下，双双逃走了。他们沿着芥川川畔一路走去，女子看见路边草上露珠在闪烁，便问男子："那为何物？"然而，前途渺茫，加上夜深人静，男子哪儿还有心情从容回答呢。

两人潜逃中途，忽然雷声震天响，接着下了倾盆的大雨。男子看见附近有一处荒废了的仓库，却不知这里面有妖魔鬼怪，就把女子隐藏在仓库里，自己手持弓，背负着箭筒，站在门口守护。他一心盼望着早些天亮。此时，鬼怪早已把女子一口吞噬了。尽管女子当场"哎哟！"高喊了一声，但是这呼喊声被雷声所淹没，男子压根儿就没有听见。

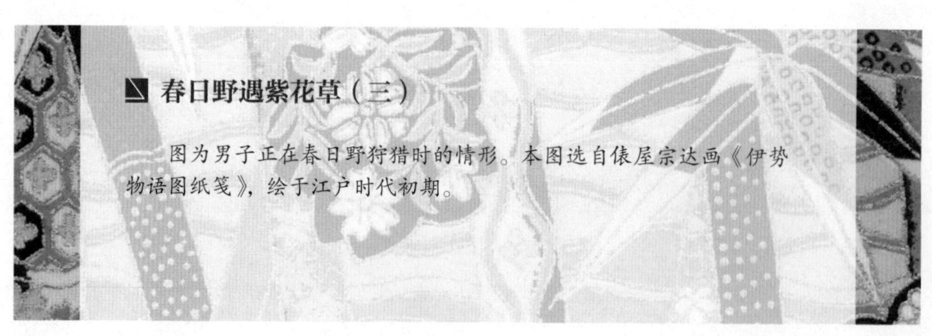

春日野遇紫花草（三）

图为男子正在春日野狩猎时的情形。本图选自俵屋宗达画《伊势物语图纸笺》，绘于江户时代初期。

好不容易待到雷雨停息，天色渐明，男子向仓库里窥视，却不见他所带来的那个女子，便顿足捶胸，号啕痛哭，但也无济于事。男子无计可施，咏歌一首，歌曰：

君问如玉为何物，
我愿伴君似露珠。

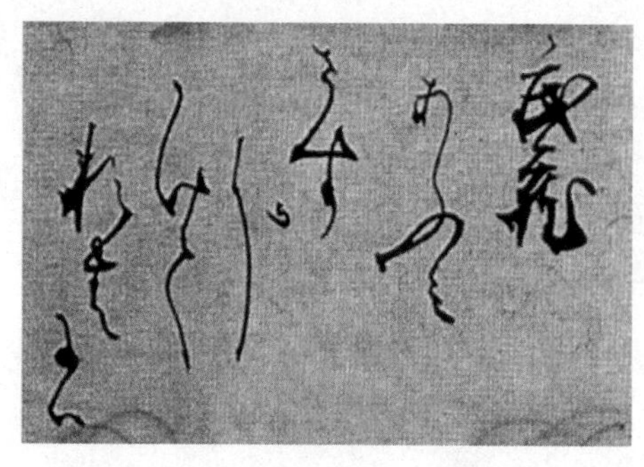

这是发生在二条皇后还是在其当女御的堂姐的宫中担任侍从时之事。当时的她气质高雅，姿色秀丽。曾有个男子偷偷地将她背起，欲逃出宫外。这天，她那身份还很低微的哥哥堀河大臣藤原基经及其长子大纳言国经，正好进宫，途中听见一个女子哭声，便把他们叫住。只见那人背着的女子，竟是自己的妹妹，于是他把妹妹带了回去。上文所说的妖魔鬼怪，就是暗指此事。如今的二条皇后，那时还很年轻，还是一般人的身份。

第七段

昔日有个男子，在都城无法住下去，便迁至遥远的东国。其时，他途经伊势和尾张之间的边界海岸，眺望着涛涛的白浪，咏歌曰：

悲恋往昔不复返，
欣羡浪涛能回还。

第八段

昔日有个男子，觉得住在都城很难受，决心到东国，去寻觅自己的栖身之地。于是，他偕同一两个友人出门旅行去。在途中，他眺望着信浓国浅间山，但见烟云袅袅，便咏了一首歌：

袅袅烟云浅间山，
远方旅人多愁叹。

春日野遇紫花草（四）

都城奈良春日野附近的村庄里住着一对文雅而又标致的姐妹。图为两姐妹的标致倩影。本图选自《伊势物语绘卷》（部分），绘于室町时代后期。

第九段

昔日有个男子，认为自己在都城是个无用之人，就不想呆在都城，决心到荒凉的东国，去寻觅自己的栖身之地。不消说，此男子是偕一两位友人同行，然而他们当中却没有一人能担当东国之旅的导游。他们一路茫然地走去，辗转来到了三河国名叫八桥的地方。

此地方之所以叫八桥，乃因河流的分布犹如蜘蛛爪状，河上架着八道板桥之故。一行人在河畔的树荫下，下车就地而坐，吃简单的干粮。河岸边上绽开美丽的燕子花，景象十分雅致。目睹此番情景，有人建议："我们不妨用'燕子花'这几个字来咏歌，咏出我们的旅愁吧。"此男子便按此意咏歌曰：

抛却华装与爱妻，
跋涉远游好孤寂。

于是大家心中不禁涌起一股思念都城的恋情，个个潸然泪下，泪水把膝上的干粮都濡湿了。

接着他们继续旅行，来到了骏河国。

他们向著名的宇津山行进，遥望前面的路，只见即将步入的山路上，树木葳蕤，光线昏暗，山路越来越狭窄，再加上这一带的常春藤、蔓草杂乱地生长着，不由令人感到胆怯，觉得自己真的遭遇到意想不到的苦闷之事了。正在此时，只见迎面有位山中的修行僧走了过来，问道：

"你们为何走到这深山老林来？"

大家吃了一惊，好生仔细地将僧人端详了一番，原来此乃在京城时曾相识的

山中修行僧。于是，男子写了一封信寄给那片刻也难以忘怀的都城中恋人，并托修行僧设法送去。信中附歌曰：

骏河宇津山路深，
梦境现实未遇人。

仰望富士山，在五月末的炎热时令，富士山顶上还覆盖着皑皑的白雪。男子又赋歌曰：

富士不识时令迁，
皑皑白雪积终年。

若以都城的山相比，富士山的大小足可比得上二十个比睿山。其形状像个研钵，确实很美。

接着再继续行进，来到了流经武藏野与下总交界地的大河畔，这条大河名叫隅田川。

此男子与其他人一起站在河岸边，亲切地交谈，回想一路走来，竟来到了这么遥远的地方。这时，蓦地听见船夫扬声催促道："喂！请你们快上船吧，天色已黑啦！"

经船夫这么催促，大家虽说都上了船，但各自似乎都满怀旅愁，毕竟在舍弃的都城里，都还有各自难以忘怀的人。都各自暗中叹息。

适逢此时，只见一只白色的水鸟浮游在水面上捕鱼。这水鸟只有嘴和爪子是红色，身体有鹬鸟那么大。这种水鸟在都城里未曾见过，他们谁都不知道这是什么鸟。于是，此男子询问船夫，船夫答称："那是都鸟呀。"男子遂咏歌曰：

都鸟应知都城事，
我家伊人又何如。

船里的人听了这首歌，不禁热泪盈眶。

激越恋心如潮骚（一）

此男子与两女子邂逅，压抑不住如潮骚般的激动，便剪下猎衣的一角，写了一首和歌，以表达自己内心的激越。图为此男子来会两女子的情景，以及本阿弥光悦的木刻本此段文本嵯峨本《伊势物语》，绘于室町时代。

第十段

昔日有个男子，困惑地辗转到了武藏国，与当地的一个女子相恋。女子的父亲要把女儿许配给别的男子，女子的母亲则一心想为女儿招徕一个可靠又有身份的女婿。其个中缘由是：父亲乃平庸无奇之人，母亲却是拥有闻名于世的藤原氏血统的女子。缘此，母亲希望将这个人品高尚的、从都城流浪到此地来的贵公子招为女婿。于是母亲就吟咏了一首歌，赠送给这位她认定为未来女婿的男子。此女子家住入间郡御吉野村，女子的母亲相赠此歌：

御吉野村飞鸿雁，
一心仰慕为君鸣。

此未来的女婿答歌曰：

优雅雁鸣诚可爱，
情深永志不忘怀。

男子纵使游荡到遥远的乡间，总还是不断出现这种风流艳事。

第十一段

昔日有个男子，去东国旅行。他在旅途中给都城友人寄赠歌一首，曰：

纵令相隔九重天，
行空月儿总还原。

第十二段

昔日有一个男子，悄悄地把人家的女儿诱骗出来，带着她逃到了武藏野。这时候，此男子虽说不算是真正的强盗，但这毕竟还是盗贼性的行为，因此遭到地方官的追查逮捕了。不过此前此男子已将女子藏匿在草丛中，独自逃走时被抓住的。但是其他人并不知道此男子已被逮捕，还继续在野外寻找他们。人们说："此贼人肯定躲在荒郊野岭。"于是试图焚烧草丛，以逼迫他们出来就范。躲在草丛中的女子听见他们的谈话，伤心地咏了一首歌，歌曰：

请勿焚烧武藏野，
夫君与我匿草丛。

人们听见咏歌声，就把此女子抓住，连同先前逮着的男子一并带走了。

激越恋心如潮骚（二）

图为《伊势物语绘卷》中的词书，绘于镰仓时代末期。

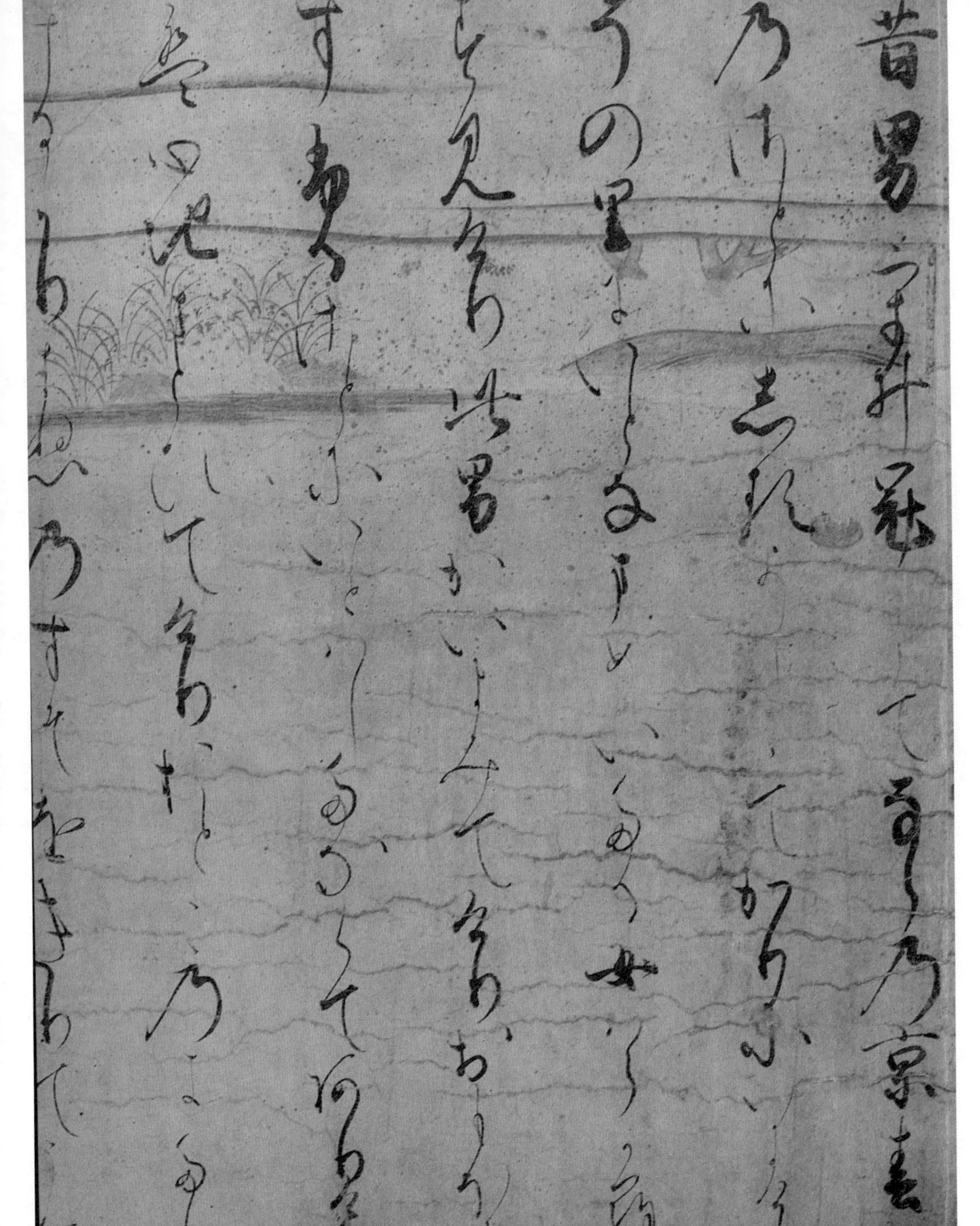

第十三段

昔日有一个流浪到武藏野边缘地方的男子，给他从前颇亲近的、居住在都城的一个女子，寄来一歌牌，歌牌上写道："直言难为情，不说又痛苦。"套封的背面只署了"武藏镫"几个字。后来便杳无音讯了。于是，此都城女子咏了一首歌寄给他。歌曰：

> 我既已许武藏镫，
> 不访来访皆揪心。

男子读了这首歌，万般痛苦，便答歌如下：

> 来访不访皆招恨，
> 形同相思病死人。

望断秋雨恋慕娇

此男子与一个似非独身的女子邂逅，对她产生了真诚的爱。在两人相叙后，男子给女子赠歌曰："不眠不寐思通宵，望断春雨恋慕娇。"图为在绵绵春雨中，此男子依依不舍地告别女子，正在乘车离去的情形。本图选自俵屋宗达画《伊势物语图纸笺》，绘于江户时代初期。

第十四段

昔日有个男子，漫无目的地流浪到遥远的陆奥国。此地有个女子，也许觉得难能遇上都城的男子的缘故吧，一味向这男子表示恋慕之情。于是她作歌曰：

欣羡成双蚕情痴，
不愿苦恋折磨死。

此女子不仅在人品方面，就连咏歌也是土气十足。此男子也许是可怜女子这份心吧，他来到她的身边，与她共寝了。不过，天未明，男子起来就要回去。女子依依惜别，咏歌一首曰：

夜半鸡鸣过早催，
天亮瞧我泼桶水。

女子不忍分离。过了些时日，男子还是返回了都城。他给女子临别赠歌：

栗原姐齿若人化［姐齿是栗原地方的一种松树名］，
偕同返京何足挂。

此女子不解歌意，反而十分高兴，总对人说：“他在思念我呢。”

第十五段

昔日有个男子来到奥州，悄悄地与一个微不足道的平庸人家的妻子私通。不可思议的是，此女子的仪容不像是个村妇，似是个有来头的人。此男子遂咏歌曰：

信夫山路悄悄觅，
只为明察人心底。

女子觉得此男子的人品和作歌都无比优秀，然而自己竟屈身住在如此无法形容的落后地方，实是无可奈何，只好谦恭，连答歌也不作了。

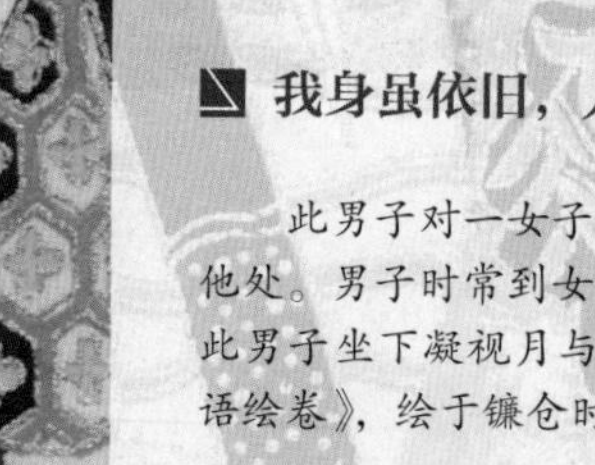

我身虽依旧，人面何处寻（一）

此男子对一女子一见钟情，在情意渐深之时，不料女子突然迁居他处。男子时常到女子住处，面对月亮与梅花，不禁热泪潸潸。图为此男子坐下凝视月与花的情态（部分）。此图选自久保家本《伊势物语绘卷》，绘于镰仓时代。

第十六段

昔日有个男子名叫纪有常，他曾侍奉过三代天皇，显赫一时。但到了晚年，随着时势的变迁和权力的更迭，他渐渐潦倒，沦落到比一般宫里人都不如的地步。

他人品高尚，心灵美，爱高雅，非同一般。但他不识处世之道，生活虽贫困，却依然是当年荣华富贵时的心境，缘此，与他多年相伴的妻子，对他的爱情也逐渐淡薄起来，最后削发为尼，迁居到了老早就当了尼姑的姐姐那里。

妻子就是这种性格的女子。且不说纪有常表面上如何，实际上此前他们就不曾有过实际的和睦生活。然而，她一旦要离家远去，又不免勾起对往

我身虽依旧，人面何处寻（二）

此男子对一女子一见钟情，在情意渐深之时，不料女子突然迁居他处。男子时常到女子住处，面对月亮与梅花，不禁热泪潸潸。图为此男子坐下凝视月与花的情态。此图选自俵屋宗达画《伊势物语图纸笺》，绘于江户时代初期。

事的回忆，心中油然生起哀愁之感。他想对她有所表示，但无奈手头拮据，连饯别也无法办到。思虑再三，一筹莫展，只好写一封信寄给平素比较亲近的友人，信中写道："缘此，妻子最后出家了。我连略表寸心也办不到。就此送别她，乃将遗憾终生。"末尾附歌一首，歌曰：

屈指历数结发缘，
不觉虚度四十年。

他的友人读了信，对他十分同情，不仅给他送去许多衣服，还给他送去了寝具。并附歌一首，歌曰：

常年相伴四十载，
夫人可曾感君怀。

纪有常高兴地答歌曰：

天之羽衣屈尊至，
内人岂敢接受斯。

他以不胜感谢之情，又追加一首歌曰：

秋至疑为露濡袖，
却原来是泪未干。

我身虽依旧，人面何处寻（三）

图为将此男子赏月与梅，以及此男子倒在廊道上这两个场景，放在同一画面上。本图选自异本《伊势物语绘卷》，绘于镰仓时代。

第十七段

有个久未来访的人，在樱花盛开时节前来赏樱了。缘此，这家女主人咏歌曰：

> 樱花自古易凋落，
> 今日盛开迎稀客。

来客答歌曰：

> 明日将会飘香雪，
> 不会消融正是花。

第十八段

昔日有一个比较任性的女子，有个男子住在她家的附近。她听说这个男子颇独钟女色，还擅长作歌，便思忖着：要试探一下此男子的风流情愫如何。于是她折下一枝即将凋落的菊花送到男子那里，还附了一首歌：

白菊衰颓现红丝，
恰似降雪压弯枝。

此男子佯装什么都没有察觉，答歌曰：

白菊似雪缀红丝，
折花人袖宛如此。

月是去年月，春仍往昔春

此男子时常呆坐，冷月高悬，梅树已成枯枝，周遭的环境已非昔日的画影。他回忆往事，不堪回首，吟歌道："月是去年月，春仍往昔春。我身虽依旧，人面何处寻。"图为此男子面对非昔的面影，流露出哀愁的表情。本图选自土佐光起画《业平歌意图》，绘于江户时代中后期。

第十九段

昔日有个男子，与宫中任职的某贵妇的一个侍女相爱。但不久，两人分手了。然而，他们两人在同一个地方当差。因此，女子每天都看到此男子。可是，男子却佯装不知她在这里的样子。于是，女子就咏歌一首相赠，歌曰：

感情疏远诚可怜，
遥见欲语难启言。

此男子答歌曰：

来去匆匆似行云，
寄身山中风暴勤。

男子流露出怨恨之意。因为她本来就是一个风流多情的女子，实际上她身边有许多情郎。

第二十段

昔日有个男子，遇见一个住在大和国的女子，情投意合，彼此相思。最后两人同居了。但男方在宫里当差，不能久留在她身边，便与她告别返回都城了。时值三月，在归途中，此男子发现嫩枫叶丹红且美，遂折下一枝，连同自己吟咏的一首歌，于途中托人送给此大和国女子，歌曰：

为君折下春一枝，
真心尽染秋枫赤。

此男子返回到都城后，大和国的女子派人给他送去一首如下答歌：

君心何时染秋色，
故里似乎无春歌。

第二十一段

昔日有一对男女，彼此热恋，如痴似醉，两人均无轻浮之念。可是不知怎的，竟因一丁点感情上的龃龉，女子就觉得夫妻感情生活之痛，决心弃家而去，临行前，她在家中某处题下如此一首歌：

出走人言心轻浮，
谁知隐私实痛楚。

此男子读了她留下的这首歌，埋怨她何苦如此，他对她为何下如此决心，百思源不得其解。他伤心地痛哭起来，走到大门口，东张西望，不知上哪儿才能找到她，漫无目标地寻找，无济于事，只好又折回家来，咏歌一首曰：

惟盼守者盹通宵

此男子未经父母许可，与一宫中侍从（即后来的二条皇后）偷情。女子的父母闻知后，派人在他们爱情的通路上戒备，男子无法相会自己的恋人，遂吟歌叹道："不为人知恋路峭，惟盼守者盹通宵。"女子闻知，埋怨父母无情。他们继续私通，父母改由女子之兄长们来把守了。图为此男子（右上角）在土墙外窥视女子（左下角），前庭盘坐着其兄长等两人在把守着的场面。本图选自久保家本《伊势物语绘卷》，绘于镰仓时代后期。

相思折磨枉自苦，
莫非怨我不倾注。

咏罢，他陷入痛苦的沉思。接着又咏道：

远走可曾思念我，
倩影总伴我坐卧。

此后此女子很长一段时间没有回家。后来大概忍耐不住，便托人捎来如此一首歌：

纵令远别情依旧，
莫让忘草把心揪。

此男子答歌一首，曰：

闻悉君心栽忘草，
情系于我乐陶陶。

不久，此女子就回到男子身边，两人的感情比过去更加融洽了。可是不久此男子又咏歌曰：

惟恐君心把我忘，

此比往昔更悲伤。

女子作了一首答歌，倾诉了自己心中的苦闷，歌曰：

我欲飘然随云去，
销声匿迹免君疑。

此后一段时间里，两人分别找到各自的配偶，终于又疏远了。

我愿伴君似露珠（一）

此男子与一个不能公开结婚的女子私通，逃走途中，女子看见路边草上闪烁的露珠，便问男子："那为何物？"图为在朦胧的夜色下，此男子背着女子沿着芥川河畔逃走的情形。本图选自俵屋宗达画《伊势物语图纸笺·芥川图》，绘于江户时代初期。

第二十二段

昔日有个女子，无缘无故就与一男子断了关系，但还是旧情难忘。于是，她吟咏了一首歌，曰：

人虽可恨情难忘，
幽怨绵绵恋参半。

她将这首歌折好，留了下来就出走了。继而她又想：不知男子是否已看到这首歌，我本是只想惩戒一下而已，便再咏歌一首，曰：

本想不再来相会，
岛旁流水终环回。

这天夜里，她还是回到家里来，与他共度良宵。彼此枕边窃窃私语，交谈过去与未来之事，直到拂晓。男子诚恳地咏歌曰：

秋夜千宵并一宵，
八千夜恨已全消。

于是，女子对此答歌曰：

纵令千夜并一宵，
言犹未尽鸡报晓。

此男子觉得女子比以前更可爱，便继续留宿在此女子家。

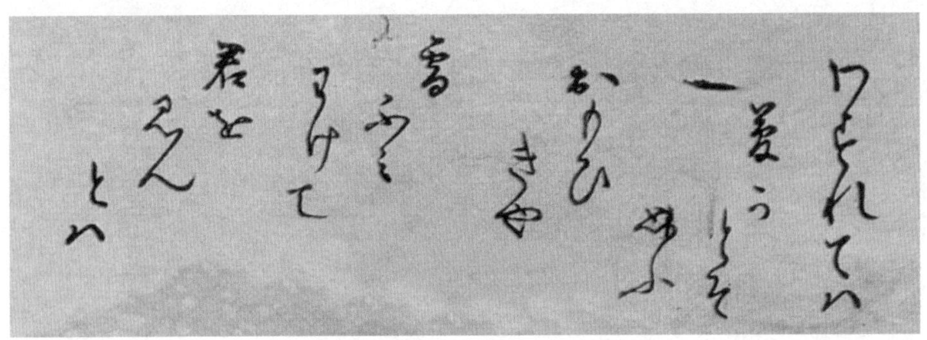

第二十三段

昔日有个男子，靠下乡经商以维持生计。他家里有个男孩儿，与邻居家一个女孩子是青梅竹马，从小常在井边一起戏耍，但长大成人后，此男子和此女子逐渐疏远，相见时彼此都觉得不好意思。此男子很想娶此女子为妻，女子也很倾心于此男子，当他们的父母提到别门亲事时，他们都充耳不闻。

一天，此男子咏了一首歌赠给此女子，歌曰：

青梅竹马戏井边，
久未遇君已成年。

此女子答歌曰：

当年两小乃无猜，
今日硕果待君摘。

他们如此往来对歌，自然情深意切，终于如愿以偿地结婚了。

时光如流，过了多少岁月，女子的父母先后辞世，他们的生计日渐困窘，姑且不说女子如何，男子觉得自己一个大男子汉，怎能继续与女子一起过窝囊的清寒日子呢。于是，他便四处经商去了。这期间，男子在河内国高安乡结识了第二个恋人。

尽管如此，结发妻子对他并未流露出怨恨的神色。男子每次出门，她都细心地为他准备行装送他上路。不料，她这么做竟招来男子的疑心，他思忖着："莫

非她已有外遇，故巴望着自己出门？”于是有一天，他佯装要到河内国，其实却是暗躲在自家庭院的树丛中，窥探女子的情况。他看见女子化妆很美，却挂着一副忧伤的神情，凝眸注视着门外的远方，吟咏了这样一首歌：

风吹海面翻白浪，
夫君孤身越立田［立田，山名］。

男子听了这首歌，觉得此女子可怜又可爱，从此极少到河内国去了。

偶尔有一回，此男子又到了河内国高安乡那个女子的家里。起初她也是文雅而郑重地梳妆打扮，可是后来她就不经意地把耷拉下来的发丝凌乱乱撩了起来，变成一张长脸，令人讨厌，尤其是看见她拿着饭勺把饭盛到碗里的粗鲁动作，他就觉得自己很不体面，从此就不再到她这里来了。

于是，高安乡的女子遥望着大和地方，咏歌曰：

向生驹山遥相望，
但愿雨烟勿隐山。

她愁叹地等待着。她好不容易盼来了大和男子说要来的信件，满怀喜悦之情在等待，却每每指望落空。于是，她又咏歌曰：

夜夜盼君空指望，
苦恋度日好惆怅。

男子终于还是没有再来访了。

我愿伴君似露珠（二）

此男子与一个女子私通，潜逃途中，雷雨交加，此男子背着女子来一仓库，就将女子隐藏在那里。女子被鬼怪一口吞噬了。男子号啕痛哭，咏歌曰："君问如玉为何物，我愿伴君似露珠。"图为男子背着女子来到了有鬼怪的仓库前。本图选自奈良绘本《伊势物语》，绘于室町时代后期。

第二十四段

昔日有个男子，与一个女子住在穷乡僻壤。男子说："我要到都城进当差。"说着与女子依依惜别，出门走了。一走就是三年。这期间，杳无音信。女子实在等着不耐烦了。这时候，有个男子前来亲切地慰问她。这女子被他的真诚所打动，于是对他说："那么，我们今宵来相会吧。"但是，这天晚上她丈夫回来了。丈夫扬声敲门说："快开门！"可是，女子却不把门打开，只做一首歌从门缝塞给了他，歌曰：

等待三年无杳信，
今宵终于回转心。

男子答歌曰：

梓弓有别人各异，
但愿恩爱如往昔。

男子咏罢，正想离去，女子答歌曰：

他人何如管不住，
非君莫笑我归宿。

可是，这男子还是径直离开了。女子满怀伤悲地去追赶他，但无法追上，不慎摔倒在一条清溪畔，她咬破手指，在溪畔的岩石上，用血指书写一首歌：

未能留君结同心，
惟欲一死表钟情。

可怜此女子当场猝逝了。

第二十五段

昔日有个男子，爱慕一个女子。此女子并不明确表示拒绝幽会，而是故作姿态，卖弄风情。于是，男子就给她赠歌一首，曰：

秋野露珠湿双袖，
怎比孤眠泪沾衫。

此风流女子对此答歌曰：

量君不解我处境，

夜夜白跑太艰辛。

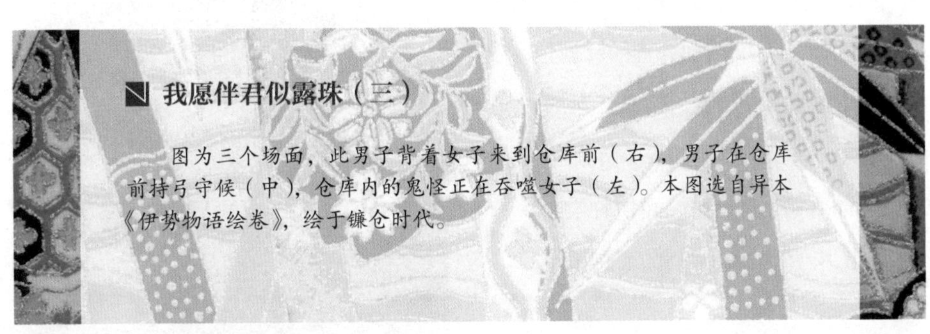

我愿伴君似露珠（三）

图为三个场面，此男子背着女子来到仓库前（右），男子在仓库前持弓守候（中），仓库内的鬼怪正在吞噬女子（左）。本图选自异本《伊势物语绘卷》，绘于镰仓时代。

第二十六段

昔日有个男子，爱慕一个家住五条附近的女子。然而，他最终还是没能将此女子弄到手。他的友人对此颇为同情，前来安慰他说："听说你最后还是不能得到她，我很同情你啊！"

此男子咏了一首歌来回报友人，歌曰：

亲切慰问感肺腑，
泪如潮涌大唐舟。

我愿伴君似露珠（四）

图为取材于异本《伊势物语绘卷》而绘制的扇面裱糊屏风图的一部分。本图选自俵屋宗达画《扇面裱糊屏风》，绘于江户时代初期。

第二十七段

昔日有个男子，来到一个女子家，只住了一宿，此后就不再来了。女子的母亲非常气愤，待女儿清晨醒来盥洗时，走了过去，蓦地将盖在脸盆上的竹帘子掀开，把它扔掉。女儿哭了起来。这当儿，女儿无意中看见自己倒影在水盆里的哭泣面影，便咏歌曰：

初觉惟我多愁闷，
岂知水中人更甚。

此不再来的男子听到此歌，和歌相赠：

无心青蛙亦会鸣，
疑是我身倒水映。

我愿伴君似露珠（五）

图为男子将女子藏在仓库内（露出女子的长发和衣裾），自己持弓在仓库门口守候。本图选自俵屋宗达画《伊势物语图纸笺》，绘于江户时代初期。

第二十八段

昔日有个生性风流的女子，厌烦她的男人，竟离家出走了。男子无计可施，咏歌曰：

海誓山盟犹盈耳，
何以相逢难如斯。

第二十九段

昔日，皇太子妃，在贺樱宴上招待众多的官人，有个男子是近卫府的官人，咏了如下一首歌：

春春赏樱恨匆匆，
今日今宵情更浓。

第三十段

昔日有个男子，作了一首歌，赠给与他邂逅过的女子，歌曰：

邂逅匆匆似场梦，
情思漫漫心空蒙。

第三十一段

昔日有一个男子，在宫中路过一个身份相当的女官的房门前，恰巧听见她在说话，似乎在怨恨什么。只听见她说：

“算了，忘却我而移情别恋的男子，不久就会像被傲霜打蔫的草枯萎掉的，我要冷淡他！”

此男子听见此话，随即咏歌曰：

无罪之人遭诅咒，
只缘君心长忘草［忘草，即萱草］。

女官听了此歌，觉得此男子很讨人嫌。

跋涉远游好孤寂（一）

此男子深感自己在都城是无用之人，便离开爱妻，偕友人离开都城，旅行东国，来到了三河国的八桥地方，目睹岸边燕子花盛时的景象，不禁涌起一股思念都城的恋情。图为此男子一行人到达八桥，目睹盛开燕子花时泛起旅愁的图景。本图选自《伊势物语图屏风》，绘于江户时代中期。

第三十二段

昔日有个男子，与一个女子曾亲热地立下海誓山盟，可是隔绝数年后，他突然给女子咏了一首歌：

昔日情意浓似蜜，
今朝可否叙旧谊。

大概女子没有涌起任何感情上的涟漪吧，连一首答歌都不作。

第三十三段

昔日有一个男子，与家住摄津国菟原郡的一个女子私通。此女子估计男子此次返回都城后，再也不会回到自己的身边，便怨恨此男子无情。缘此，此男子作歌一首相赠，赠歌曰：

思君情意与日增，
恰似满潮芦苇深。

女子答歌曰：

情意深似江湾水，
撑杆焉能测深邃。

一个乡间女子能咏出这样的歌，是好是坏姑且不论，首先恐怕是无可指责的吧。

第三十四段

昔日有一个男子，作歌一首，赠给一个无情的女子，歌如下：

不言焦灼欲为难，
悲愁相煎心惆怅。

这是他心里正难过的时候吟咏出来的歌。

第三十五段

昔日有一个男子，出于无奈，与一个相好的女子一时断绝了联络。他给女子赠歌一首，歌曰：

巧结情缘难松开，
渴望恢复原恩爱。

第三十六段

昔日有个男子，许久未前去造访自己心爱的女子。女子埋怨此男子如此疏离自己，“大概是把我遗忘了”。男子遂咏歌一首相赠，歌曰：

幽谷山峰蔓草深，
恰似卿我情缘真。

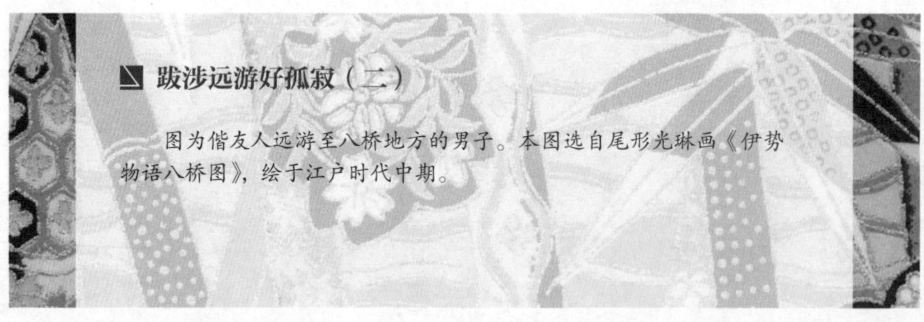

跋涉远游好孤寂（二）

图为偕友人远游至八桥地方的男子。本图选自尾形光琳画《伊势物语八桥图》，绘于江户时代中期。

第三十七段

昔日有个男子，与一个多情的女子相爱。男子对女子自身的多情这点，总是放心不下，于是赠歌一首曰：

莫为他人解裙带，
勿效牵牛早变色。

女子对此答歌曰：

两人同心把带结，
亲眼来睹惟君解。

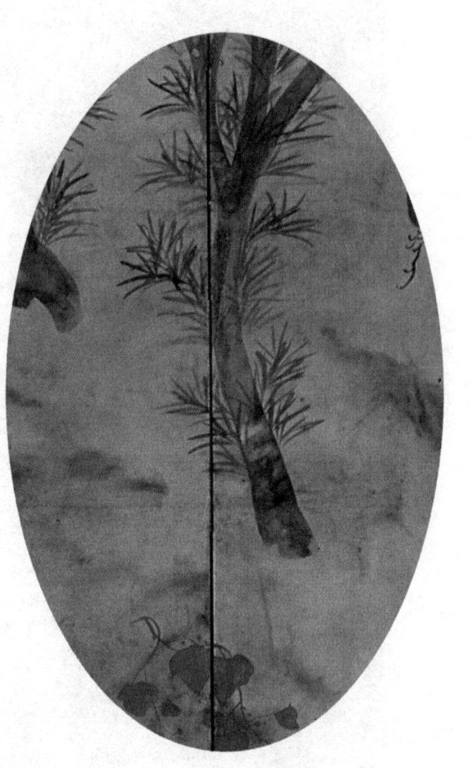

跋涉远游好孤寂（三）

此男子涌起恋情之时，同行的友人建议他咏出自己的旅愁来。于是，他咏歌曰："抛却华装与爱妻，跋涉远游好孤寂。"图为此男子与友人在八桥地方席地而坐咏歌时的情况，图上是这首歌的全文。本图选自木版印刷《伊势物语歌牌》，绘于江户时代中期。

第三十八段

昔日有个男子，其过从甚密的挚友纪友常去了某地，久未归来，此男子便咏歌一首赠此友人，歌曰：

翘盼君归心痛楚，
是否世人谓恋苦。

友人纪友常答歌曰：

生平未识恋爱苦，
何必把我来问住。

骏河宇津山路深（一）

此男子一行来到骏河国，遇见一个相识的修行僧，写了一封信并附一首歌，托修行僧带回都城，给他难以忘怀的恋人。图为此男人在骏河国山路上与修行僧相遇的情景。本图为屋形光琳图《宇津山图团扇》，绘于江户时代中期。

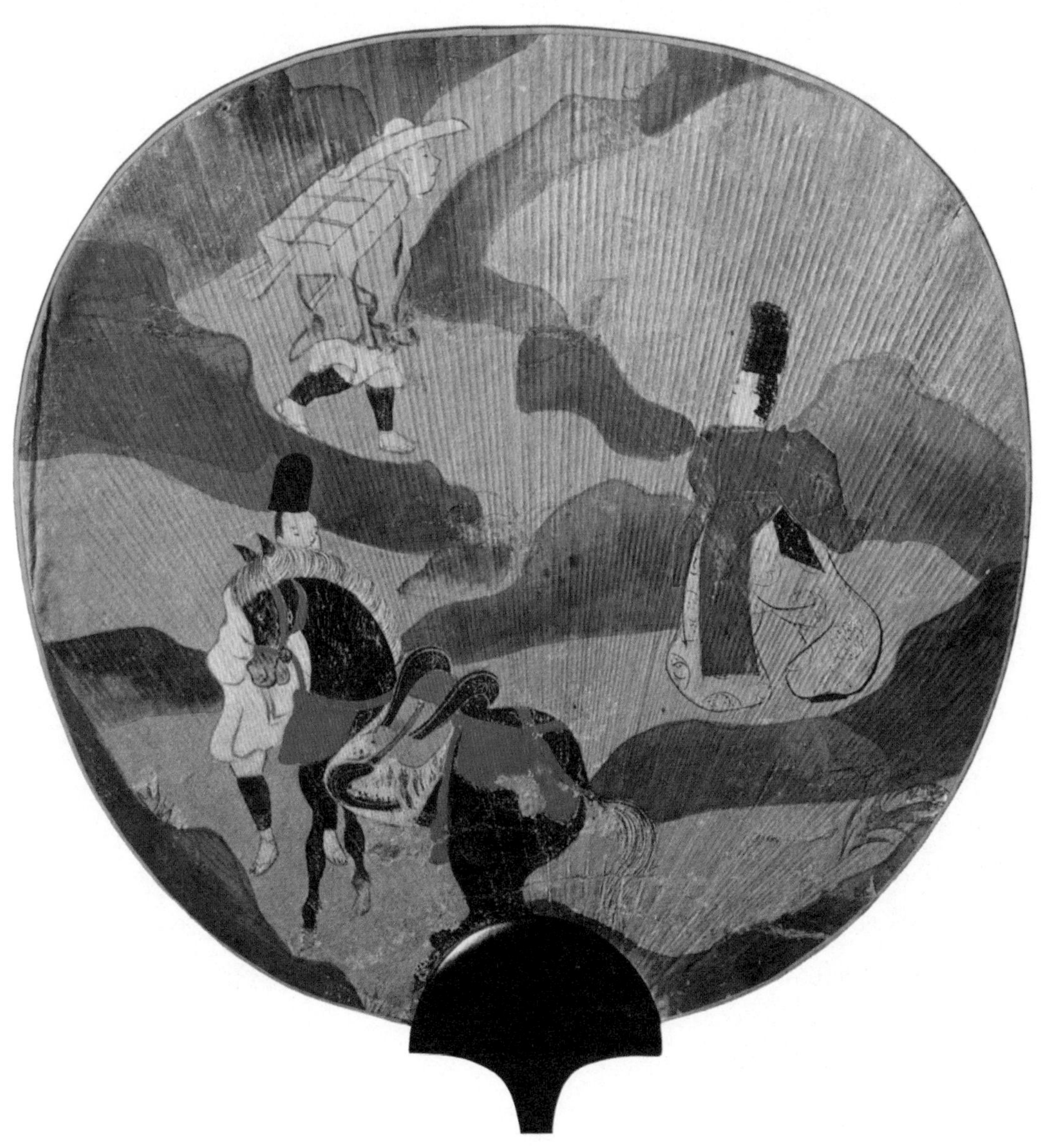

第三十九段

昔日有位西院天皇，他的公主名叫崇子。

公主芳年早逝。举办葬仪之夜，一个住在宫邸附近的男子想一睹葬礼的仪式，便乘坐在一辆女车上出发了。

守候了好久，却未见灵车出来。此男子原本只想表达哀悼之意，无心观看热闹，正想回家之时，驰名于世的诙谐家源至也赶来看热闹。他看见这边的车子是女车，便朝这边走过来，说了一些挑逗的话，源至最爱看女子，拿了些萤火虫投入女车中。

车内的女子心想：“凭借这点萤火光，不至于照亮我们的面影吧。”于是，她正想将萤火虫往车外驱赶时，坐在车上的那个男子就咏了一首歌赠给源至。歌曰：

灵车断送妙龄人，
莫非未闻哀号声。

可是，源至答歌曰：

哀嚎声声肠撕裂，
芳魂不似灯火灭。

作为天下第一诙谐家的歌来说，似乎太平庸了。

第四十段

昔日有个男子，爱上一个他母亲家使唤的丫鬟，这少女长相并不差。可是男子母亲是个精明人，她担心两人长此下去，彼此相爱，可能会发展到无法分开的地步，于是她想把这少女打发到别处。尽管她有这种心思，却暂时未采取行动，视情况发展而定。

此男子本是个依靠父母生活的人，无反对父母之言的勇气，也无法阻止父母行事。这少女是卑贱的丫鬟，当然无违抗主人命令的力量。此时此刻，两人的爱，日益炽烈。于是母亲一言不发就将这少女逐出家门。此男子流着血泪，长叹不已，可是也无法把她挽留下来。不久，少女就被人带出家门了。她咏了一首歌，托带她出门的人转交给男子，歌曰：

若问送我至何方，
悲别泪河甚渺茫。

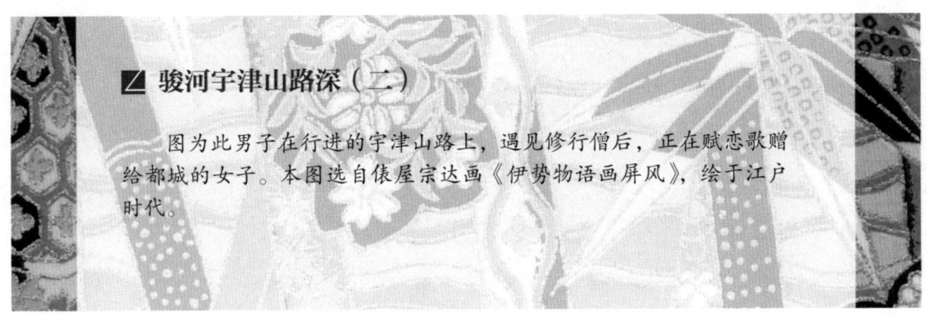

骏河宇津山路深（二）

图为此男子在行进的宇津山路上，遇见修行僧后，正在赋恋歌赠给都城的女子。本图选自俵屋宗达画《伊势物语画屏风》，绘于江户时代。

第四十一段

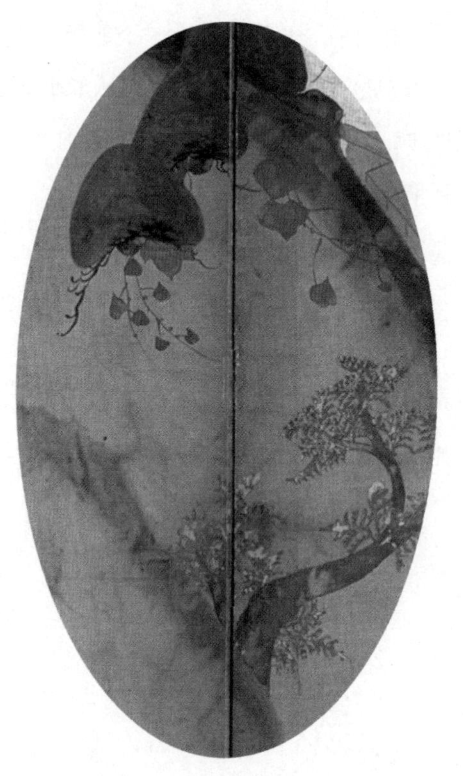

昔日有对姐妹，一人的丈夫身份卑微且家道贫寒，一人的丈夫则身份高贵且家财万贯。丈夫身份卑微的女子，于十二月三十日这天，为了丈夫没有新年穿的盛装，无奈只好亲自把旧的外衣来浆洗。她没有干过这种粗活，浆洗时尽管小心翼翼，还是把这衣肩弄破了。女子无计可施，只有埋头哭泣。身份高贵的男子听说此事，很是同情她，立即找出一件漂亮的绿色外衣，送给此女子，并附上一首歌，曰：

漫山紫草皆可爱，
姐妹本是同根来。

古歌有云："紫草漫遍武藏野，枝枝招人怜且爱。"这首歌大概是从这首古歌获得启迪而作的吧。

骏河宇津山路深（三）

图为此男人在骏河国宇津山路上。他托修行僧带给恋人歌云：“骏河宇津山路深，梦境现实未逢人。”图上是这首歌的全文。本图选自木版印刷《伊势物语歌牌》，作于江户时代中期。

第四十二段

从前有个男子，他明知某女子多情轻浮，还是与她相爱。不过此女子也有她的优点，并不那么讨人嫌。因此，这个男子始终与她往来。但由于她生性轻佻，男子对她放心不下。可是，既然与她结下了不解之缘，每晚还是到她家过夜。后来因为有事，两三天未能到她家，便咏歌一首相赠：

出入君家足迹留，
可曾有人来追求。

因为此男子怀疑女子会变心，才咏了这样一首歌。

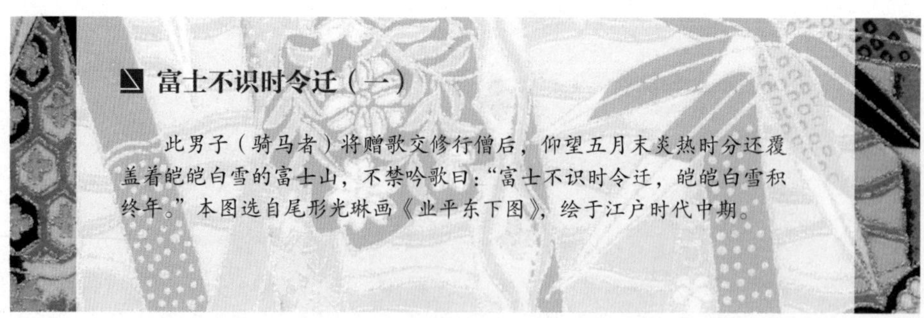

富士不识时令迁（一）

此男子（骑马者）将赠歌交修行僧后，仰望五月末炎热时分还覆盖着皑皑白雪的富士山，不禁吟歌曰：“富士不识时令迁，皑皑白雪积终年。”本图选自尾形光琳画《业平东下图》，绘于江户时代中期。

第四十三段

昔日有一个亲王名叫贺阳。贺阳亲王觉得那些当差的女子都是些可怜人，使唤她们时，对她们都十分怜恤。缘此，宫中的许多优秀女官自然都愿意到他手下来当差。其中有一个妙龄女子，品貌兼优，格外引人注目。年轻的男士们当然不会无动于衷。有个最先向她求爱的男子，以为她只有自己一个情人，其实不然，在他之前，她早已与另一男子关系非常亲密了。此男子探听到女子另有男人，觉得真是岂有此理，便给她写了一封极其痛恨的信，并在信上画了一只杜鹃鸟，还附上一首歌：

杜鹃鸣声招人爱，
怜恨交加实难耐。

女子读信后，为安慰此男子，答歌一首曰：

今朝杜鹃徒悲鸣，
子虚乌有君怨我。

适值五月时节，正是杜鹃鸟啁啾鸣啭之时，男子遂给她答歌一首曰：

鸣啭不绝我住所，
啁啾各处无不可。

第四十四段

昔日有个男子，为即将赴外地任职的友人举行饯别酒宴，把友人请到家里。两人是挚友，主人便把自己的妻子也请出来陪酒。还赠送给友人一套女服。此时男主人作了一首歌，写在纸上，将它系在赠送友人的衣裳腰带上。这首歌曰：

解袍把盏为饯行［日语灾难谓丧，丧与裳谐音，解袍意味祛除灾难］，
愿君顺风我安宁。

这首歌饶有意趣，情深意长，友人自然将它留在心间，默默品味。

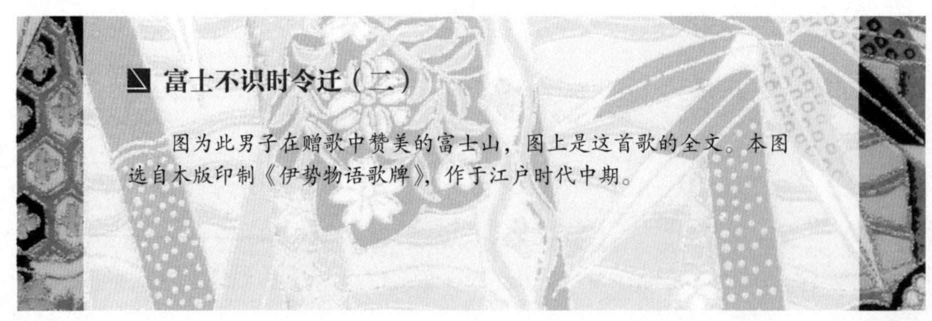

富士不识时令迁（二）

图为此男子在赠歌中赞美的富士山，图上是这首歌的全文。本图选自木版印制《伊势物语歌牌》，作于江户时代中期。

第四十五段

昔日有个男子，受到一个富家千金悄悄的爱慕。此女子是在父母百般娇宠下成长起来的。她本想把爱慕此男子的心事告知父母，然而总难以启齿，终于病倒了。弥留之际，她才将如何爱慕此男子的情况告诉了乳母等人。她父母闻知，流着眼泪，派人去通知那个男子。此男子惊慌失措地赶赴女子家，可是女子已断气了。男子留在女子家中，无事可做，只有为女子服丧了。

时值六月末，气候炎热，晚上举办管弦乐会演奏，以慰藉女子的亡灵。深夜过后，凉风阵阵。只见许多萤火虫在高高的夜空中乘风飞舞。此男子躺了下来，望着流萤，咏了如下一首歌：

惟盼流萤传心绪，
芳魂乘风早日归。

接着又咏歌一首，曰：

日长难暮平添愁，
无端悲思涌心头。

第四十六段

昔日有个男子，与一位挚友，彼此时刻怀念，难以忘怀。但挚友要到遥远的国度去旅行，此男子无可奈何，只得与他依依惜别。过了若干时日，挚友从旅途中寄来一信，信中有这样一段话：

“本非所愿，不觉间别后多时。君是否早已把我遗忘？怀念之情实是可怜之至。人心这种东西，不论彼此的感情多么亲密无间，一旦长期分离，也会两相遗忘的啊！”

信中流露出怨恨之情。于是，此男子答歌一首曰：

与君分别时虽久，
面影仍留我心头。

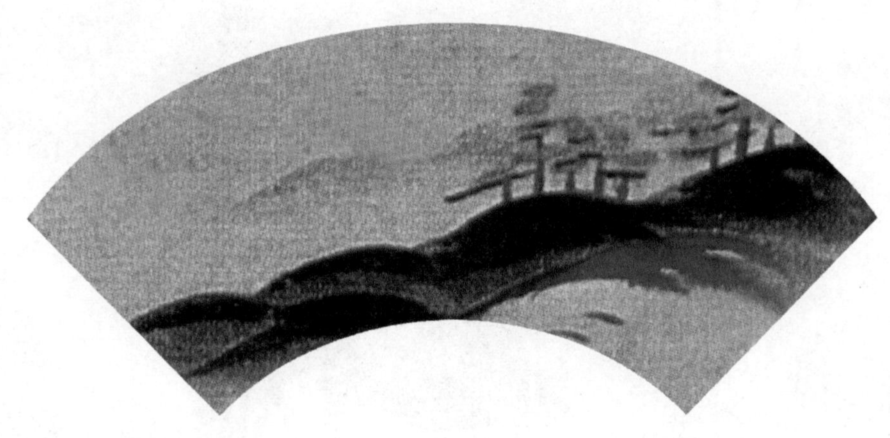

第四十七段

昔日有个男子，爱慕一个女子，总想与她相会。但女子平日就听闻此男子生性轻浮，因此每次给他回信都很冷淡。后来她终于作歌一首赠他，歌曰：

听闻君家多粉黛，
何苦钟情于我来。

这男子对此答歌曰：

粉黛虽多皆流水，
非君莫属了归宿。

富士不识时令迁（三）

图为此男子将恋歌交给修行僧后，凝望着修行僧背着背箱（只画了修行僧的背箱）攀登上常春藤、杂草丛生的小路而去的情形。本图选自深江芦舟画《常春藤小路图屏风》，绘于江户时代。

都鸟应知都城事（一）

此男子来到了一条大河畔，满怀思念恋人之情上了船，看见河面上浮游着一只不知名的水鸟。于是他问渔夫为何鸟，渔夫告知是都鸟。此男子便咏歌曰："都鸟应知都城事，我家伊人又何如。"图为此男子在船上。本图选自木版印刷《伊势物语歌牌》，作于江户时代中期。

第四十八段

昔日有个男子，为友人举办饯别宴。可是，久等那友人最终也没有来，于是他咏歌一首：

此刻方知盼得苦，

往后赴约绝不误。

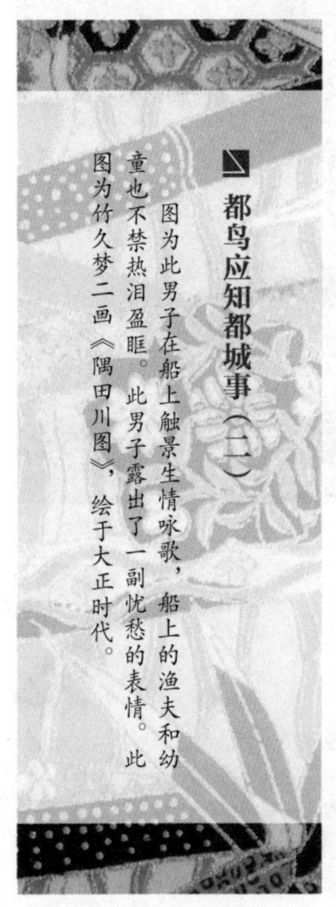

都鸟应知都城事（二）

图为此男子在船上触景生情咏歌，船上的渔夫和幼童也不禁热泪盈眶。此男子露出了一副忧愁的表情。此图为竹久梦二画《隅田川图》，绘于大正时代。

第四十九段

昔日有个男子正在观赏自家妹妹弹琴，他妹妹天生丽质，相貌异常标致。他咏了一首歌曰：

妹妹秀丽似嫩草，
他年出阁诚可惜。

妹妹答歌曰：

比喻嫩草出意外，
信口置评何苦来。

第五十段

昔日有个男子，他所认识的一个女子怨恨他，说他轻浮。他也怨恨女子，觉得女子自己才轻浮，并给她赠歌一首，曰：

纵令鸡卵可摞高，
轻浮女心也难靠。

女子对此答歌曰：

朝露纵消余珠存，
浮世岂有人万全。

都鸟应知都城事（三）

图为此男子与友人们辗转到了三河国。本图选自《伊势物语绘卷》，绘于镰仓时代后期。

于是男子又咏歌曰：

纵令去年樱不败，
轻浮女心难信赖。

于是，女子又返歌一首，曰：

与其行文水面上，
莫如恋慕无情郎。

此对男女彼此计较谁轻浮，互不相让。他们所咏的歌，一定是反映了他们悄悄幽会时的心境吧。

第五十一段

昔日有个男子，在某人栽种自家庭院树丛中的菊花时，给他咏了一首歌相赠，歌曰：

非秋黄菊不展彩；
纵令花败根犹在。

第五十二段

昔日有个男子，他的挚友在五月五日端午节，给他送了用菖蒲叶包裹的、饰有多种彩线的粽子。他回赠友人一只猎来的山鸡，并附歌一首，曰：

君采菖蒲寻沼地，
我猎山鸡觅荒野。

第五十三段

昔日有个男子，欲与一个女子相会，但总是实现不了，后来好不容易成功了。两人倾吐衷肠，不觉间天已快亮，传来了雄鸡报晓的啼声。此男子便咏了一首歌曰：

雄鸡为何早报晓，
情长难尽此更宵。

我家伊人又何如

此男子决心到荒凉的东国去寻觅自己的栖身之地。图为此男子东下的情形。本图选自尾形光琳画《业平东下图》，绘于江户时代中期。

第五十四段

昔日有个男子，咏歌一首赠予一个无情的女子，歌曰：

哪怕梦里亦欲逢，
袖湿疑是夜露浓。

第五十五段

昔日有个男子，平日迷恋一个女子，最终还是没能得到她。于是，他咏了如下一首歌：

未得芳心人落魄，
忽忆柔语重振作。

不访来访皆揪心

流浪到武藏野的此男子，给都城的女子寄去一张歌牌，背后只署了“武藏镫”三个字，就杳无音讯了。女子便在歌牌上咏歌一首：“我既已许武藏镫，不访来访皆揪心。”图为他们的对歌歌牌。本图选自木版印刷《伊势物语歌牌》，作于江户时代中期。

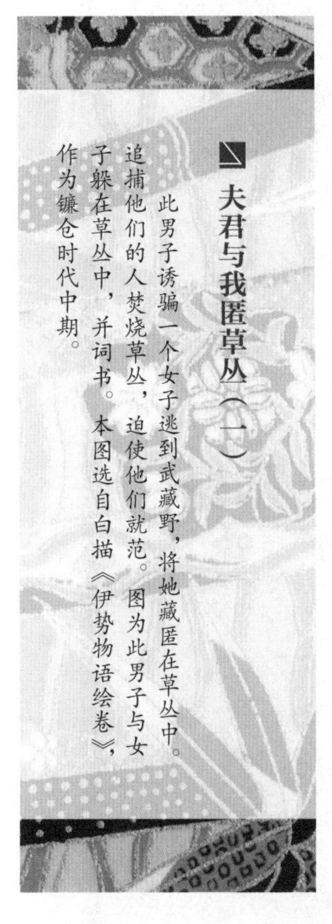

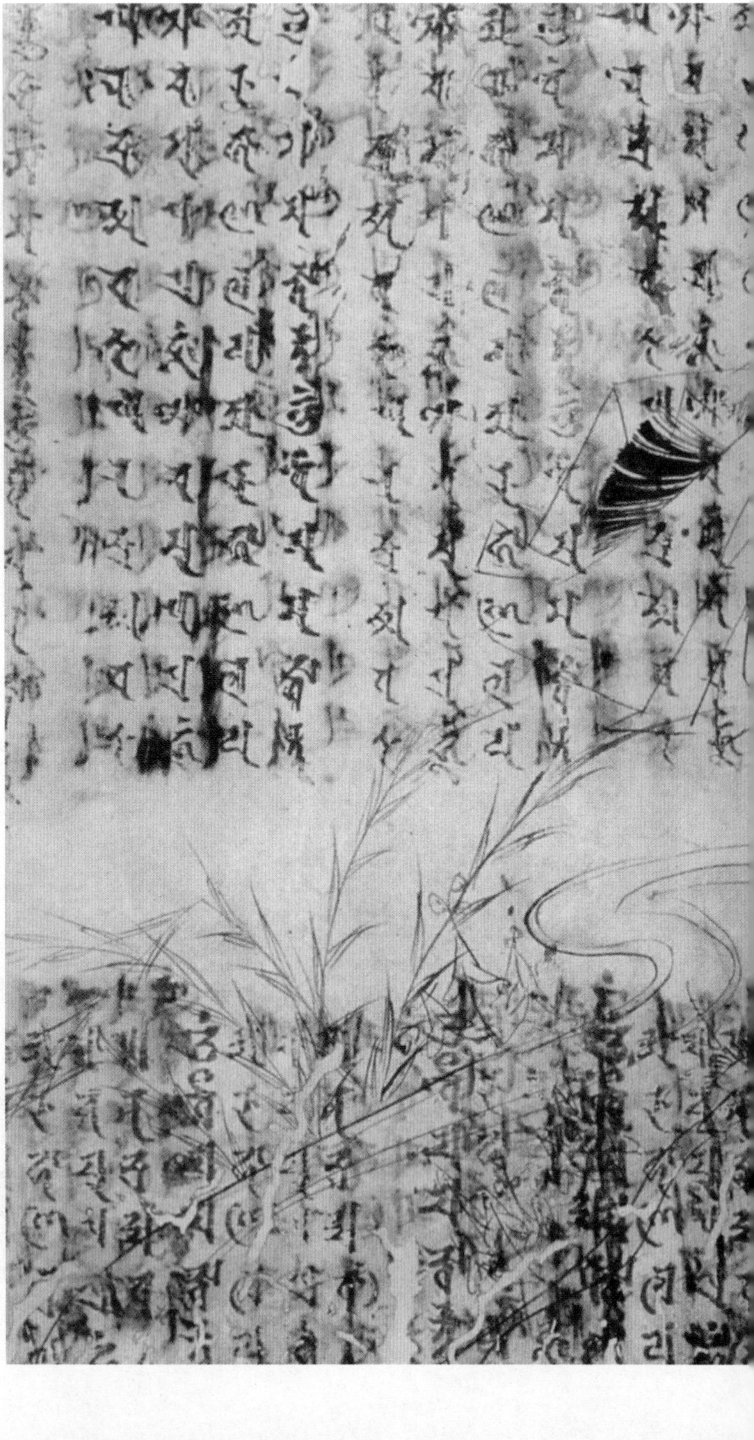

夫君与我匿草丛（一）

此男子诱骗一个女子逃到武藏野，将她藏匿在草丛中。追捕他们的人焚烧草丛，迫使他们就范。图为此男子与女子躲在草丛中，并词书。本图选自白描《伊势物语绘卷》，作为镰仓时代中期。

第五十六段

昔日有个男子，热恋一个女子，日思夜想，终于无法忍受，写下了这样一首歌：

衣袖虽非茅草庐［草庐，留驻露珠之地］，
却能留驻热泪珠。

第五十七段

昔日有个男子，暗恋一个身份高贵的女子，无奈身份悬殊，此秘密不敢告人。而且他也难于接近她，便咏了一首歌，托人送给此女子。歌曰：

单思寂寞隐痛深，
卑微似虫自丧生。

第五十八段

昔日有个男子，人缘不好却颇好色，他在山城国乙训郡的旧都长冈地方，盖了房子，在那里居住下来。他的邻居是皇族的人，住着一些普通的侍女。这里是农村，有一天，此男子吩咐仆人们到田间去割稻子，还对他们作了种种指示。侍女们目睹这个场面，开他玩笑，故意嘲笑他说："瞧呀！这个好色专家在干这等事呐。"说着一拥而闯入他家里。男子仓皇失措，赶紧躲进房间里。其中一个侍女，咏了一首歌嘲笑他，歌曰：

可怜兮兮荒凉宅，
千呼万寻无人在。

于是，侍女们聚在这家里，坐了下来。此男子从里屋答歌曰：

葎草葳蕤荒凉宅，
妖魔鬼怪成群来。

侍女们对他说道：“好了，请出来吧！我们帮你去拾掉落下来的稻穗儿。”此男子再回敬了她们一首歌：

闻及饥者欲拾穗，
尽力相助赴田畴。

第五十九段

昔日有个男子，不知为何对都城产生厌恶感，欲从都城迁居东山，咏歌一首，歌曰：

长住京城生厌感，
隐居东山探幽闲。

此时，这男子不知为何，陷入了痛苦的沉思，转眼昏厥过去。人们立即向他的额头上泼冷水，还采取了诸多护理措施，他好不容易才苏醒过来，咏歌一首：

露珠洒落我额头，
疑是银河浆水漏。

他终于又活过来了。

夫君与我匿草丛（二）

此男子与一女子私奔，藏匿在草丛中，图为另一男子发现此男子与女子躲在草丛中，准备焚烧草丛的情形。本图选自本阿弥光悦画《伊势物语绘卷》，绘于江户时代前期。

第六十段

昔日有个男子，任职宫中，公事缠身，自然疏远了妻子，此时，另一个男子对此男子的妻子表示：“你跟着我，我会真心爱你的。”于是，她就跟着他逃到了遥远的地方。

后来，此男子当上了天皇的敕使，被派往宇佐八幡宫。他听说自己原来的妻子已经成为接待敕使的妻子，就对此接待敕使说：“我要请尊夫人来斟酒，否则我不饮。”接待敕使万般无奈，只好让妻子捧着酒杯到宴席上来侍酒。

于是，此男子从酒菜中拿起一个橘子，咏了一首歌，歌曰：

期盼五月橘香飘，
当年袖香仍缭绕。

女子听了此歌，后悔当初不该轻举妄动，愚蠢地离家出走，如今回想起来，羞耻万分，最后进山削发为尼了。

第六十一段

昔日有个男子，到了筑紫国［今福冈县］，在那里住了下来。

有个女子在帘内对另一个女子说："此人是都城的好色家，也是闻名的诙谐家。"男子听了，便咏歌一首，歌曰：

欲渡筑紫名染川［染川，筑紫地方有名的河流］，
岂能不染好色彩。

女子答歌曰：

染川顾名系风流，
君本好色莫怪川。

夫君与我匿草丛（三）

图为此男子与一女子躲在草丛中的情形，此图为小林古径画《武藏野》，绘于大正年代。

第六十二段

昔日有个男子，宫中公务缠身，久未造访情人家。此情人似不贤惠，被一个不可靠的男人一番甜言蜜语所诱惑，跟他逃到了乡下，当了乡下人家的女佣。

碰巧有一天，此男子到女子当佣人的人家家里来借宿。女子出现在他的面前，侍候他用餐，其时女子身份卑微，像一般女仆，用绢帕裹着长发，罩上一件印有远山景色花样的长袄。

到了晚上，男子对此家主人说："我想请你把刚才侍候用餐的那女子唤来。"主人从命，叫来了女子。男子问她："你还记得我吗？"说着，咏歌一首，曰：

樱花芳香今何在，
迅速凋零剩空枝。

女子听罢，羞愧无言。男子问她："为何不答话？"女子只说："热泪盈眶，泪眼模糊，话儿也……"于是，男子又咏了一首，歌曰：

狠心弃我逃近江［近江，地名］，
岁月蹉跎胜当年。

咏罢，男子将身上的衣服脱了下来，送给那女子。女子没有接受，逃之夭夭。谁也不知道她逃到何处。

第六十三段

昔日有个女子，上了年纪，人却还很风流。她想方设法与一个闻名的多情男子相会，但总是没有机会把话儿说出来。有一天，她把自己的三个儿子叫到身边来，编造了一个荒唐的梦，讲给他们听。老大和老二听了，反应冷淡。老三听了，则为她释梦，说："这定是与好男子邂逅的前兆。"老女听了，异常高兴。

老三暗自思忖：别的男子太没意思了，可能的话，愿她与在五中将业平〔在原业平，平安时代歌人，三十六歌仙之一〕有缘来相会吧。说来亦巧，正好赶上中将出门打猎，老三与他在途中相遇，便拽住他的马头，诉说了自己有此愿望。中将可怜老女，这天晚上就到她那里去过夜了。

但是，此后老女每天都在等候，却不见中将再来。于是，老女就来到中将家的门前，透过篱笆缝隙向屋里窥探。中将看见她的身影，咏歌一首，曰：

鹤发满头如百年，
莫非对我有所恋。

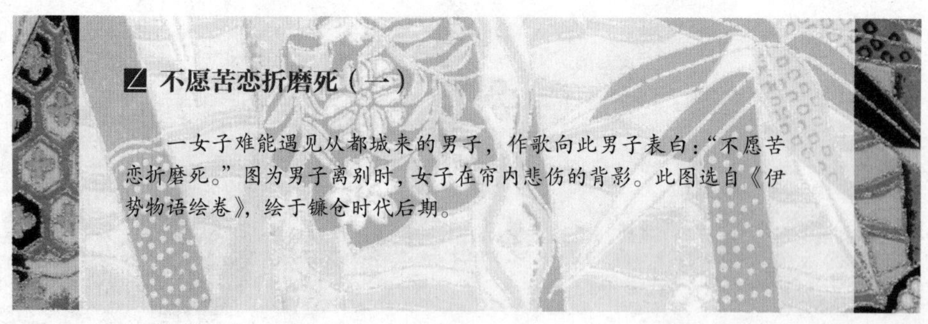

不愿苦恋折磨死（一）

一女子难能遇见从都城来的男子，作歌向此男子表白："不愿苦恋折磨死。"图为男子离别时，女子在帘内悲伤的背影。此图选自《伊势物语绘卷》，绘于镰仓时代后期。

咏罢，立即将鞍置在马上，像是出门的样子。老女以为他要去造访自己，慌里慌张，匆忙赶回家去。她也顾不上在野地里被荆棘和枳壳扎伤的痛，只顾拼命赶回家去。回到家中，已精疲力竭，躺倒在铺席上。

中将效法老女刚才的所为，悄悄地站在篱笆外，透过缝隙向屋里窥探，只见老女唉声叹气，心急如焚，似乎在想：算了，睡觉吧。最后咏了一首歌：

曲肱为枕卧席上，
恋人难能守孤单。

中将听了这首歌，觉得她甚是可怜。这天夜里，便又在她家里同枕共衾了。

依世间之常情，男女间对于对方的老少美丑，总是要三思而后行。许多人讨厌老丑，可是这位在五中将却无异见，足见他是个爽朗的人。

第六十四段

昔日有一个男子，与一个女子彼此往来情书，却未曾悄悄幽会，倾吐衷肠。他们彼此也不知对方底细，就这样维持着书信往还。后来男子急不可待，咏了一首歌，曰：

甘愿此身化清风，
吹进玉帘获启蒙。

于是，女子答歌曰：

清风纵令欲吹拂，
未经许可不得入。

因此。两人的交往仅止于此。

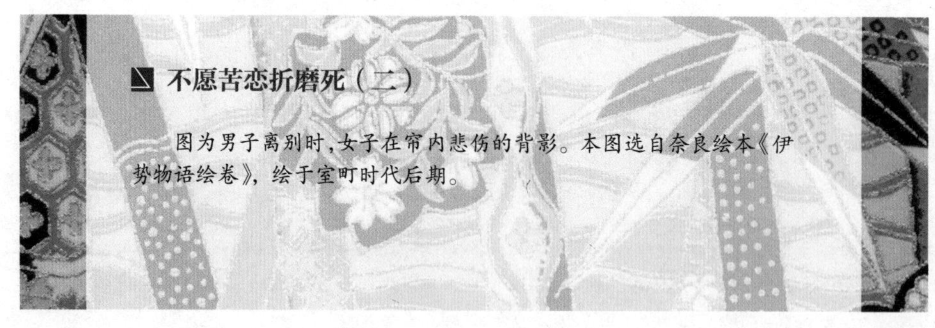

不愿苦恋折磨死（二）

图为男子离别时，女子在帘内悲伤的背影。本图选自奈良绘本《伊势物语绘卷》，绘于室町时代后期。

第六十五段

昔日某朝天皇，有个侍女深受天皇恩宠，天皇特许她穿禁色〔古时除皇族外，臣下不得穿用诸如深紫、深红、暗红等颜色〕的衣服。此侍女是母后的堂妹。一个在殿上供职的自称姓在原的男子，还是少年时代，就与此女子相识，因他其时还是少年，所以允许他进出殿上女子所住的房间。一次，他来到此女子的房间，与此女子相对而坐。此女子甚感困惑，对他说道：

“这太难堪了。这岂不是要使我们都身败名裂吗？不应该这样做呀！”

于是，男子咏了一首歌，曰：

苦楚恋慕实难堪，

欢快相见死亦甘。

咏罢，男子更毫无顾忌了。因此，此女子就从殿上的房间回到了自己的卧室。

此男子在殿上的房间里也敢如此无所顾忌，更何况在卧室里，无他人看见，更是肆无忌惮，他前来的次数更勤了。女子穷于应付，无计可施，只好离开宫中，回到了娘家。

此男子心想："不要紧，这反而更方便。"于是，他越发频繁地造访女子娘家。人们听闻此事，都笑道："天下竟有如此厚颜无耻的男子！"

此男子来到女子的娘家，住了一晚，于次日清晨就返回宫中，有意不让早上打扫殿堂的人发现，悄悄地将自己的鞋子脱下，扔到比别人摆放的鞋子更远的一个角落里，以示自己昨晚在这里值宿，现在上殿来了。

他每天干着这种见不得人的事，暗地里也在犯嘀咕。他想，随着时间的推移，事情早晚终将败露，自己与那女子恐怕会被当作无用之人，最终会落得受罢官处分，身败名裂的下场。于是，他向神佛祈求："请神明示我如何做才好，请拯救我这颗发疯了似的心吧！"可是，尽管祷告了，但不知怎的，心却更加狂躁，恋情更加澎湃。于是，他请来阴阳师和神巫，为他消灾求福，来抚平他那潮涌般的恋情。他备好各种祓禊所需的物品，来到了加茂川畔。不料祓禊的时候，反而苦闷有增无减，恋情比以前更加如潮涌了。于是，他咏歌一首，歌曰：

川畔祓禊求心静，
岂料神明未显灵。

咏罢，他只好回家了。

却说此时的天皇，英姿焕发，每早修行，专心念佛，诵经声庄严优美，那女子听见此声音，暗自伤心落泪。心想：如此明君，自己不能全心侍奉，大概是前世造孽的报应吧。自己深受少年的诱惑，行将遭灭顶之灾。她自言自语，叹息不已。不久，此事传到天皇耳朵里，发生此等事，本应处以重刑，可是天皇特许，从轻发落，将此男子流放到附近地方。女子的堂姐母后令她退出宫中，并把她禁闭在自己殿内的仓房里，以作惩戒。此被恋爱折磨得憔悴了的女子，潸潸泪下，咏了一首歌，歌曰：

海女刈藻虫遭殃，
咎由自取不怨人。

在幽禁中，她每日以泪洗脸。此男子仍未能忘怀于她，几乎每晚都从流放地悄悄地混进女子禁闭地附近，满怀深情地吹响笛子，还用优美的歌喉唱出悲伤的歌。此幽闭在仓房里的女子，听到了这声音，虽知道是那男子，但现在自己不能再与他相见了。她不能放声咏歌，只是在心中默默地低吟道：

常来探我多凄楚，
半生不死陷囹圄。

此男子不能与女子相见，只得夜夜到此地来，吟咏这样的歌：

徒然前往落空归，
思君哪怕走千回。

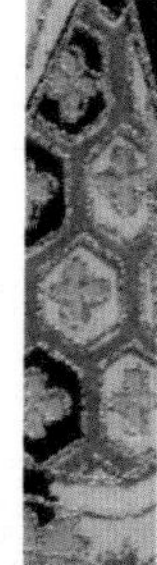

樱花自古易凋落

久未造访的男子来到女子家里，赏樱并咏歌，女子喜迎稀客。图为在女子家的男人们。本图选自小野家本《伊势物语绘卷》，绘于室町时代中期。

第六十六段

昔日有个男子，在摄津国拥有自己的领地，他与兄弟及友人一起到难波旅行。在海滨上，他看见海面上漂浮着许多船只，遂咏歌曰：

难波水上千帆过，
恰似厌世渡苦波。

同行人听了这首咏歌，深受感动，无法再咏其他的歌，就此回家了。

第六十七段

昔日有个男子，为了散心，相约几个挚友，于二月时分到和泉国旅行。途中眺望河内国的生驹山，只见乱云飞渡，山峰在缭绕云雾之中若隐若现，变幻莫测。清晨阴天，午间却又放晴。细看，春雪还积压在枝头上，银装素裹，活像一片白花林。目睹此番景色，同行者中惟有一人咏歌曰：

昨今云雾锁山岭，
白花树林涌愁情。

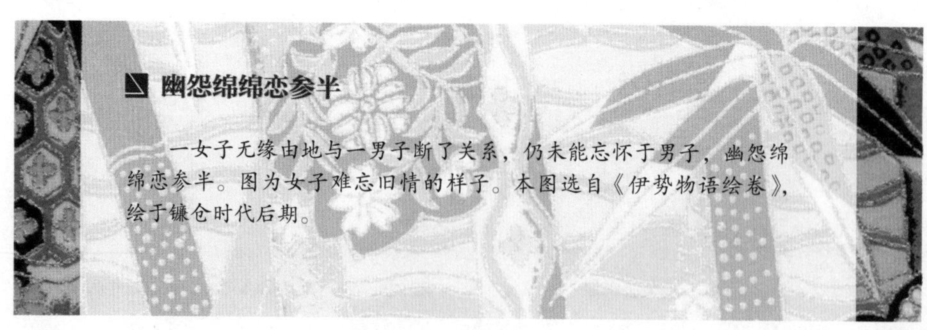

幽怨绵绵恋参半

一女子无缘由地与一男子断了关系，仍未能忘怀于男子，幽怨绵绵恋参半。图为女子难忘旧情的样子。本图选自《伊势物语绘卷》，绘于镰仓时代后期。

第六十八段

昔日有个男子，约了些友人到和泉国旅游。一路上经摄津国、住吉乡的住吉海滨，尽情观赏，景色迷人，遂下马步行，边走边观赏。一同行人建议："让我们以此美丽的住吉海滨为题咏歌吧。"于是，此男子便咏了一首歌，歌曰：

雁鸣菊开秋趣盈，
住吉海滨春宜人。

其他诸人听了这首秀歌，都很赞赏，就没有人续咏了。

第六十九段

昔日有个男子，作为狩猎的敕使，曾去过伊势国。当时有位公主在伊势神社修行侍神［日语曰斋宫］。这位侍神公主的母后，暗地里吩咐女儿说：“你要比接待一般敕使更加亲切地接待他。”有了母后的特别指示，侍神公主就格外亲切地接待此男子。侍神公主准备一大早就让敕使出门去打猎。傍晚，她特地安排他回到她自己的殿里歇宿。

如此一再郑重接待，此男子趁此良机向侍神公主求爱，终于定下了终身。两人初次交欢的次日晚上，男子在恋情的驱动下，对公主说：

“无论如何我也要与你欢聚。”

公主虽知自身应谨慎行事，但也无法坚决拒绝了。

然而，他们所处的环境是侍神公主的殿宇，在众目睽睽之下，两人最终不能相会。只因此男子乃敕使中的主要人物，他的寝室距离内殿不远，自然与公主的闺房相近。公主待到夜深人静，周围的人都已就寝，于子夜过后，悄悄来到此男子的房间。其时，此男子也正在苦相思，折磨得难以成眠，敞开门扉，在躺着观看外面的景色。在朦胧的月光中，他只见晃动着一个人影。细看，原来是个小孩子站立在那里，此女子就站在孩子的身后，此男子喜出望外，连忙将她引进自己的房间里，从子夜十二时至三时光景，他们都在一起。可是，彼此还没谈上一句话，女子就又回去了。男子为欢聚之短暂，为转瞬即逝的缘分，悲伤不已，终夜难以成眠。

翌日，男子早早就望眼欲穿地等候着她，总也不见她来，自己又不能派人去催促，只有焦急地企盼着她快快到来，直盼到天色行将破晓时分，才盼来了女子派先前的那孩子带来了一封信，拆开来看，不见文书，只见一首歌，歌曰：

君来我往难分辨，
是梦是真谁来怜。

男子读毕，悲伤万分，含着盈眶的热泪，咏了一首歌，曰：

是梦是真说不清，
只盼今宵来敲定。

咏罢，他将歌送给了她，就独自外出打猎了。

然而，此男子狩猎，虽身在郊野，却心不在焉。他一心只盼今宵夜深人静后，两人欢聚的时刻早些到来。不料，赶巧伊势的地方官兼任斋宫寮头［侍神公主殿宇的主管］的人，听说狩猎敕使到来，便设通宵宴来招待。此男子非但不能与那女子相会，而且还有敕使的既定日程，过了今夜，翌日必须启程赴尾张国。缘此，此男子与那女子也不能再相会，都暗自悲叹，落泪不已。

这时候，天色渐明，男子正准备行装待发之时，女子派人送来了一只饯别的酒杯，酒杯上只写了她所咏的歌的上句，曰：

缘浅如溪徒步踩。

于是，男子连忙用火把的炭末，在饯别酒杯的里侧，写了一句，以和下一句，曰：

过逢坂关定再来［逢坂关是关口名］。

不久，曙光四射。男子就越过伊势国边境，赴尾张国去了。

第七十段

昔日有个男子，完成了狩猎敕使的任务，回家途中，在伊势的大淀的渡口泊宿。在伊势修行的侍神公主派了数名使者前来接待此男子，其中有那个先前认识的小孩儿。此男子就托小孩儿带回去一首歌送给公主，歌曰：

欲见伊人苦思念，
刈海藻翁请指点。

青梅竹马戏井边

一对男女，两小无猜。长大成人后，两人在幼时一起玩耍的井边情深意切地对歌。男子歌曰：“青梅竹马戏井边，久未遇君已成年”。女子答歌曰：“当年两小乃无猜，今日硕果待君摘。”两人终于如愿结婚了。图为男女俩在井边对歌，洋溢着亲密的氛围。本图选自竹久梦二画《新译插图伊势物语》，绘于大正年代。

第七十一段

昔日有个男子，任天皇的敕使，他到伊势参见在此地修行的侍神公主。一个侍候公主的女子，对好色之事总是津津乐道，她悄悄地咏了一首歌送给此男子，歌曰：

情痴欲见好色人，
擅越斋垣似可临。

男子对此答歌曰：

恋情驱动只管临，
男女幽会神不禁。

第七十二段

昔日有个男子，满怀怨恨地写信给一个居住在伊势国的女子，信中写道：“本想再度与君相会，不料这也不能如愿，只好就此远赴邻国了！”

女方见信答歌曰：

大淀青松非薄情［大淀是地名，北面临海湾］，
浪涛何苦抱怨行。

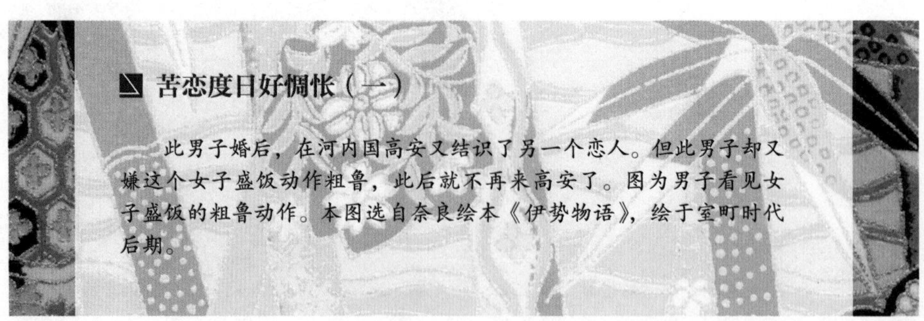

苦恋度日好惆怅（一）

此男子婚后，在河内国高安又结识了另一个恋人。但此男子却又嫌这个女子盛饭动作粗鲁，此后就不再来高安了。图为男子看见女子盛饭的粗鲁动作。本图选自奈良绘本《伊势物语》，绘于室町时代后期。

第七十三段

昔日有个男子，明知自己的恋人就住在此地，但却无法与她相叙畅谈，甚至无法给她送一封信。他只能在她家附近徘徊，心中万分思念，咏歌一首曰：

放眼可望不可及，
月中桂树君相似。

第七十四段

昔日有个男子，对一个薄情女子颇有所怨，咏了这样一首歌：

高山峻岭无所阻，
难逢日多恋人苦。

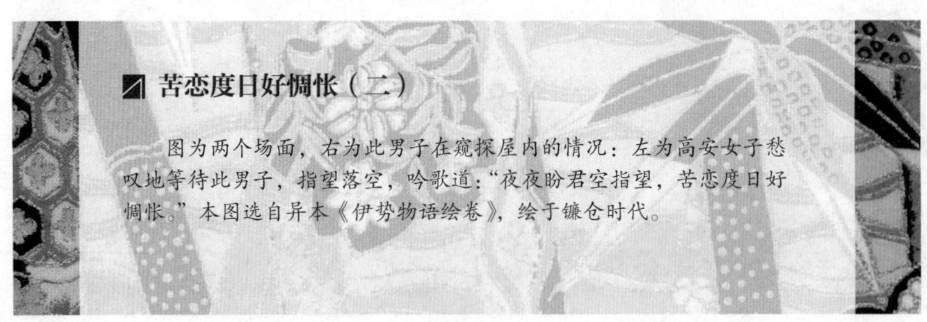

苦恋度日好惆怅（二）

图为两个场面，右为此男子在窥探屋内的情况：左为高安女子愁叹地等待此男子，指望落空，吟歌道："夜夜盼君空指望，苦恋度日好惆怅。"本图选自异本《伊势物语绘卷》，绘于镰仓时代。

第七十五段

昔日有个男子，劝诱一个住在伊势国的女子，说：“你跟我一起到京城去，过无虑的舒坦日子不好吗？”女子对此答歌曰：

虽非大淀海滨松，
但得常见心已足。

女子对此男子的态度比先前更冷淡。男子咏歌一首，曰：

莫非只求常相见，
无意寻觅乐欢天。

于是，女子答歌曰：

岩间海藻不断长，
潮起潮落恋无妨。

于是，男子又咏歌曰：

世人无情催泪落，

濡湿衣袖心寂寞。

此乃世间难得一见的女子。

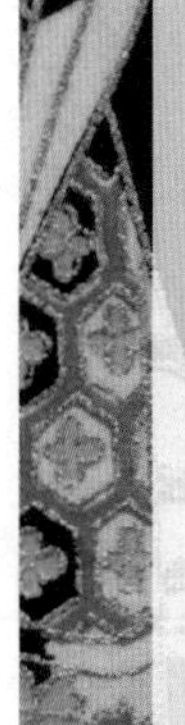

等待三年无音信

一个穷乡的男子进宫当差，与妻惜别，出门走了，三年未归，杳无音信。女子被一个前来慰问的男子打动，约他在晚上幽会时，此男子归来了，女子作了一首歌："等待三年无音信，今宵终于回转心。"从门缝塞给他，而不开门。此男子答歌"梓弓有别人各异，但愿恩爱如往昔"后，愤然而去时，女子追赶到清溪畔摔倒了。她咬破手指，用血指在溪畔的岩石上，书写了一首歌就猝逝了。图为此男子正乘牛车赴京。本图选自异本《伊势物语绘卷》，绘于镰仓时代后期。

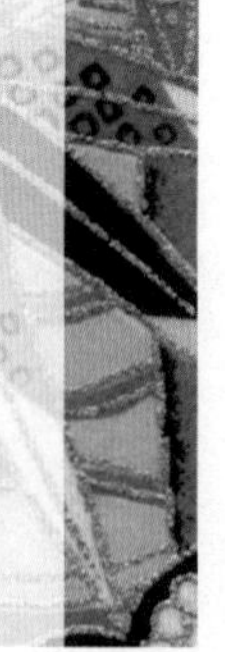

第七十六段

昔日二条皇后未被册封为皇后而称为皇太子母之时，一天她去参拜氏族神的神社，她的随从人员均获得许多赏赐的物品。当地一个在近卫府供职的老人也随之获得一份。老人遂咏歌一首，奉献给皇太子之母，歌曰：

> 大原老松今犹在，
> 老迈常忆旧神代［神代即神话时代，一般指神武天皇以前的年代］。

皇太子之母读了此歌，是否也心有所感而悲伤呢？笔者无从知晓了。

第七十七段

昔日，有一位天皇称田村帝。其时一位名叫多贺几子的皇妃仙逝了，皇家于三月末在安祥寺举行冥福会。众人奉献上的供品，集中在一起，其数目达千件之多。这许多供品分别串挂在树枝上，陈列在寺院的大雄宝殿前，宛如在大雄宝殿前冒出了一座高山。

此时，一个名叫藤原常行的人，其时任右大将，他于法会结束之时，召集在场的众多歌人，以今日的法事为题，加入各人的春日心情来咏歌。当场有一位任右马寮［右马寮亦称马寮，即饲、驯马场］长官的老人，老眼昏花，误把堆积如山的供品，看成是真山，咏了这样一首歌：

群山移动逢法事，
为惜春逝凭吊至。

此歌如今读来，虽算不上秀歌，但在当时可能是上乘之作了吧，众人钦佩不已，赞不绝口。

第七十八段

昔日文德天皇时代，有位名叫多贺几子的妃子。此妃子仙游后，皇家在安祥寺举行了四十九天的法会。右大将藤原常行参加了法会之后，回家途中造访一位当了山科地方禅僧的亲王。此亲王住在当地的殿宇内。居处的庭院里，从山上倾泻下来了瀑布，还有人工造的溪流，景色幽深清雅。

右大将对禅僧亲王说："多年来，我身在他地，心却常倾于此，总恨无缘前来拜谒，所幸今日得以侍奉左右，不胜荣幸。"亲王大喜，命属下备晚宴。

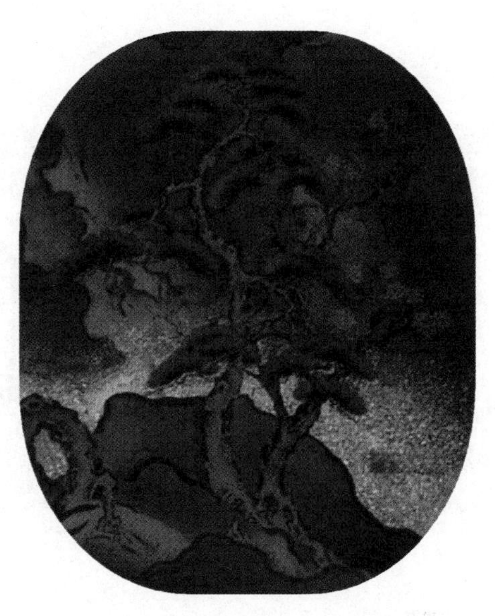

亲王如此热情款待，右大将从亲王面前退下后，便与随从商量，说："我初次拜谒亲王，却是空手前往，实在抱歉。记得前朝天皇驾临家父的三条邸之时，纪伊国的人献上一块纪伊国千里滨所产的岩石，其形状美观。但因赶不上天皇驾临的日子，此岩石就弃置在某官吏屋前的沟壑里。亲王是一位爱好营造庭园者，而此岩石是装饰庭园的好材料，我想把它奉献给亲王。"说着派遣贴身随员前去搬运此岩石。

不久，将岩石运到了。此岩石的形状比传闻的更为美观。可是单送一块岩石又显得很不明智，于是令随员咏了一首歌。当时的右马寮长官，用剁碎了的青苔像泥金画似的，将此首歌写在岩石上，歌曰：

献上岩石表寸心，
赤诚思君可曾见。

梓弓有别人各异

一男子出门三年方始归来。图为此男子归来时，女子正在与一男人幽会（右图），男子站在家门前而不得入（中图），女子追到溪畔，用血指在岩石上作歌的情形（左图）。本图选自小野家本《伊势物语绘卷》，绘于室町时代中期。

第七十九段

昔日，一个同姓氏［指在原业平氏］的人家里，诞生了一位亲王。许多人咏歌祝贺此新盖的产房［古时专为生小孩而另盖的房子］。其中有一位老叟，他是此亲王的外祖父家族中的人，咏了一首歌，歌曰：

门前栽植千寻竹，
夏冬绿荫来相护。

此是贞数亲王时的人，是中将之子。乃在原业平之兄中纳言行平之外孙。

第八十段

昔日有个人，住在一间破旧的房屋里，庭院只种植着藤花。别无其他的花木。时值三月末，此家主人不顾春雨绵绵，折下了一枝藤花，说是要送给某贵人，并咏了一首歌，曰：

细雨霏霏折藤花，
春意阑珊又奈何。

◢ 惟欲一死表钟情

图为追赶丈夫的女子在溪畔的岩石上，用血指写下“未能留君结同心，惟欲一死表钟情”这首歌时的悲情。本图选自俵屋宗达绘《伊势物语图纸笺》，绘于江户时代初期。

第八十一段

昔日有位左大臣［古时总管国政的长官之一］，在加茂川畔六条地方，兴建了一所风雅的宅邸，居住其中。十月末，菊花一度凋谢又复盛时，恰是红叶尽染，浓淡有致，景色十分的美，就在此时，左大臣邀请诸位亲王前来观赏，并设通宵宴畅饮，还演奏管弦乐助兴。曙光朦现之时，诸亲王咏歌赞颂殿宇之幽雅与风趣。待众人咏罢，一个衣衫褴褛形似乞丐的老叟，蹲在殿宇铺设地板之下方的泥地上，也咏了这样一首歌：

轻舟不觉抵盐釜，
晨风送至逍遥处。

昔日笔者旅游陆奥，观赏到那里的许多鲜见的美景。然而我朝六十余国之中，却无一处能比得上盐釜这地方的风景之美。因此，老叟将这座庭院比作盐釜来加以赞美，自然咏出“轻舟不觉抵盐釜”这样的歌句来。

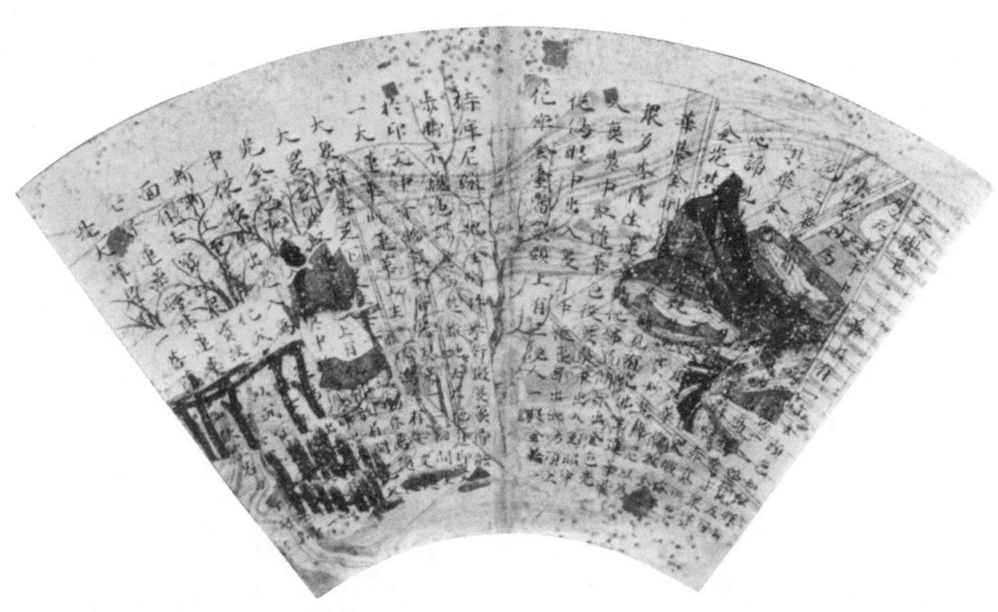

漫山紫草皆可爱

话说一对姐妹的女子，分别嫁给身份不同的男子，嫁给贫寒男子的女子，不会干粗活，洗衣时将丈夫的衣肩弄破了。其姐妹嫁给身份高贵的那个男子给此女子送来一件新衣，并作了“漫山紫草皆可爱”的歌句，以表同情与怜爱。图为此女子在帘内的背影。此图选自日本国宝《扇面古写经册子》，是根据此段内容而作，年代未详。

第八十二段

昔日有位皇子，称为惟乔亲王［惟乔亲王是文德天皇的第一皇子，其母名叫静子，是纪有常之妹。此亲王与在原业平是堂兄弟。其后由于藤原氏占据皇位，此皇子就闲居在小野山庄］。此皇子有一别墅在山城国山崎对面的水无濑地方。

每年樱花盛时，皇子必到别墅来居住，而每次都带着右马寮长官一道前来。天长日久，皇子竟将此人的姓名忘却了。皇子出门名曰狩猎，其实他对狩猎毫无兴趣，只爱在春日的郊野对酒作歌。一天，皇子出门狩猎，来到一个名叫交野的地方，看见水滨山庄庭院里的樱花格外幽雅，别有一番情趣。于是，他在那株樱花树下下马，各人手中都持有折下来的花枝，还将樱花插在头上。上、中、下阶层的人一样都吟咏和歌。此时，右马寮长官也咏了一首，歌曰：

世间若绝樱花种，
春日心情亦虚空。

于是，另一个人咏歌曰：

樱花易谢更可赏，
人间正道本无常。

大家都站在樱花树荫下。众人正想回家之时，已是日暮时分了。

于是，随从命仆人拿着酒肴，从狩猎的地方走来。皇子说："那么大家就应将此酒饮尽方休。"饮尽，大家又一边走一边寻找景色更好的地方，最后来到了天河的河畔。

此时，右马寮长官向皇子献上一杯，皇子当场说：

“就以我们在郊野狩猎来到天河畔为题，咏歌之后再献杯吧。”

右马寮长官即时咏歌曰：

狩猎来到银河下，
有幸借宿织女家。

皇子对此歌感佩不已，反复吟咏，但终未能作出答歌。此时，一个名叫纪有常的陪同，代替皇子作答歌，曰：

一年一度会牵牛，
来客借宿岂肯留。

不久，皇子回到了水无濑的别墅，又对酒当歌，直到夜深人静，此主公已酩酊大醉，正要回寝室歇息。适值十一日的月行将西沉，右马寮长官又咏歌一首，曰：

百看不厌月色美，
匆匆隐没山后背。

纪有常又代替皇子答歌，曰：

夷山削林成平地，

月无隐处挂天宇。

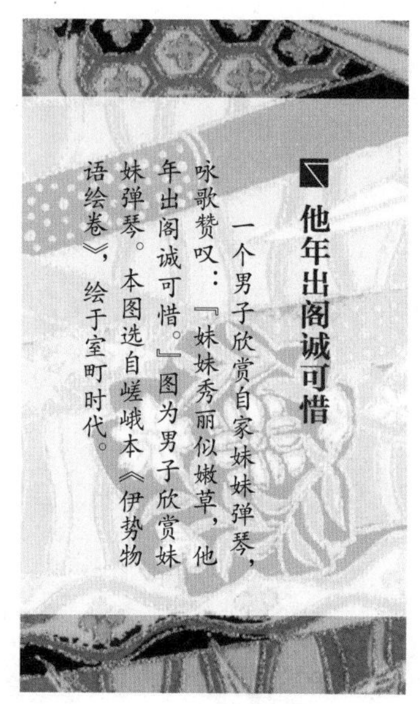

他年出阁诚可惜

一个男子欣赏自家妹妹弹琴，咏歌赞叹：『妹妹秀丽似嫩草，他年出阁诚可惜。』图为男子欣赏妹妹弹琴。本图选自嵯峨本《伊势物语绘卷》，绘于室町时代。

第八十三段

昔日，惟乔亲王经常到水无濑的别墅来游乐，他照例出门去狩猎，奉陪者是老叟右马寮长官。亲王在此住宿了数日，就返回都城的宫邸。老叟奉陪亲王回到宫邸后，本想立即回家，此时亲王却赏他喝酒，还说要赐他礼物，实在难能乞假出宫。右马寮长官无法请假，焦急万状，遂咏歌曰：

未能始终侍奉君，
秋夜虽长春宵暂。

时值三月下旬。亲王不歇息地酒宴到通宵达旦。右马寮长官本打算长此奉陪下去。不料时过不久，亲王就剃度为僧，隐居小野地方了。

正月里，右马寮长官想探视亲王，遂前往位于比睿山山麓的小野地方拜访。此地积雪很深，他艰难地踏雪前行，抵达亲王住处，与亲王见了面。亲王寂寞无聊，忧伤度日，欲留右马寮长官多相伴些时日，追忆昔日的诸多往事。右马寮长官也愿意长期侍奉身边，然而，适值正月，正是宫中诸事繁多之时，因此，未能如愿，于傍晚时分就向亲王告辞，临行献上一首歌，歌曰：

踏雪寻访疑是梦，
竟忘君乃出家人。

咏罢，还是热泪盈眶，返回都城去了。

情长难尽此更宵

此男子与女子晚上幽会，不觉雄鸡报晓，男子咏叹："情长难尽此更宵。"图为这对男女相会的亲密状。本图选自小野家本《伊势物语绘卷》，绘于室町时代中期。

第八十四段

昔日有个男子，官位低微，但其母却乃是皇女。母亲住在长冈地方。儿子在都城宫廷当差。他总想不时前去探望母亲，可是不能经常前往。母亲只有此独子，自然非常疼爱，时常想念儿子。就这样两地彼此思念着度日。是年十二月，母亲派人送给儿子一封信，来人说是有急事。儿子大吃一惊，连忙将信拆开，信中唯有一首歌，别无其他字句。歌曰：

年迈难逃死一劫，
盼子归来心更切。

儿子读了此歌，顾不上备马，急不可待地跑步到了长冈，一路上抽泣不已，心中咏下了如下一首歌：

但愿世间无死别，
千秋长寿为子活。

第八十五段

昔日有个男子，从小侍奉一皇子，不料此皇子竟剃度为僧。尽管皇子已经出家，但每年正月，此男子总是前去探访。此男子在宫中当差，平日不能前去，但他不忘昔日的情谊，今年过年，他又前去拜访皇子。另有一些人，昔日也是侍奉皇子，如今这些人中，有的在俗，有的已出家，他们也都来拜访皇子。皇子说，现在与平时不同，新年节日，需请诸君痛饮。这一天，漫天飞雪，终日下个不停。他们一个个喝得酩酊大醉，就以“瑞雪封阻”为题来吟歌。其时，此男子咏歌曰：

极欲拜访难分身，
瑞雪留客颇称心。

皇子赞赏此歌着意新颖，遂脱下上身的衣服，赐予此男子。

第八十六段

昔日有个少年，与一个娇少女相爱。但两人都上有父母的管束，顾忌颇多，恋爱也就中断了。多年后，此女子欲重归于好，要求与男子重续旧恋。男的就咏了一首歌送给她。不知男子出于何意，咏了这样一首赠歌：

> 昔日恋情今依稀，
> 岁月无情它已去。

于是，两人的交情就此终了。其后，听说此男子和此女子都供职于宫中同一地方。

第八十七段

昔日有个男子，在摄津国兔原郡芦屋村拥有自己的领地，他就到此地居住下来。有古歌云：

芦屋滩边煮盐忙，
黄杨梳饰顾不上。

歌中所咏的，正是此地的情况。此地就叫芦屋滩。虽说此男子的地位并不很高，但在宫廷里任职，闲时较多，缘此，都城卫府里的官爷们，经常来此地聚集游乐。此男子的兄长也是在卫府里任长官之职。一天，官爷们在此屋前的海岸上散步，有人建议说："来，我们登山眺望那水帘似的瀑布吧。"

众人登山一看，果然，此瀑布非同一般，那高二十丈、宽五丈的岩壁，简直就像裹着一匹白绢。瀑布的上方，有一块圆坐垫般大小的岩石，突现了出来。落在此岩石上的流水，四处飞溅着像小橘子或栗子般大小的飞沫。于是，主人让聚在那里观赏此景象的人，都来吟咏有关瀑布的歌，卫府的长官率先咏道：

寿命期限难揣摩，
泪珠飞沫孰居多。

接着，身为主人的此男子咏歌曰：

瀑布上方解玉囊，

窄袖难承玉珠降。

其他人大概觉得如此咏歌，恐会造出笑柄，故而此歌咏毕，就无人再续咏。

归途遥遥，经过如今已作古的宫内卿茂能的家门时，已是日暮时分。遥望自家的方向，只见海边有不计其数的渔火，星星点点地在闪烁。身为主人的此男子又咏歌一首，曰：

疑为繁星或飞萤，
却是家乡渔火明。

咏罢，此男子遂回家去了。这天夜里，南风劲吹。风劲已稍缓和，海浪还掀得很高。翌日清晨，主人命家中婢女到海边去捡拾一些被海浪冲上来的海藻，带回了家里来。片刻，主妇就把海藻盛在一只高脚盘里端了上来，上面盖着一片槲树叶，叶上写着一首歌，曰：

此乃海神装饰物，
不惜为君漂上来。

作为一首乡村女子的歌，算是秀歌还是劣歌呢？

莫非对我有所恋

一个多情的男子发现一个风流的老女在窥视自己，便咏出“莫非对我有所恋，鹤发满头如百年。”老女看见男子吟罢将鞍置在马上，就以为男子要出门来造访自己。图为老女窥见男子置马鞍后，牵着马儿快要出门的样子。本图选自小野家本《伊势物语绘卷》，绘于室町时代中期。

第八十八段

昔日有几个年纪不算轻的伙伴，聚集在一起赏月，其中有一人咏了以下一首歌：

不欲赞美明月照，
只缘累月催人老。

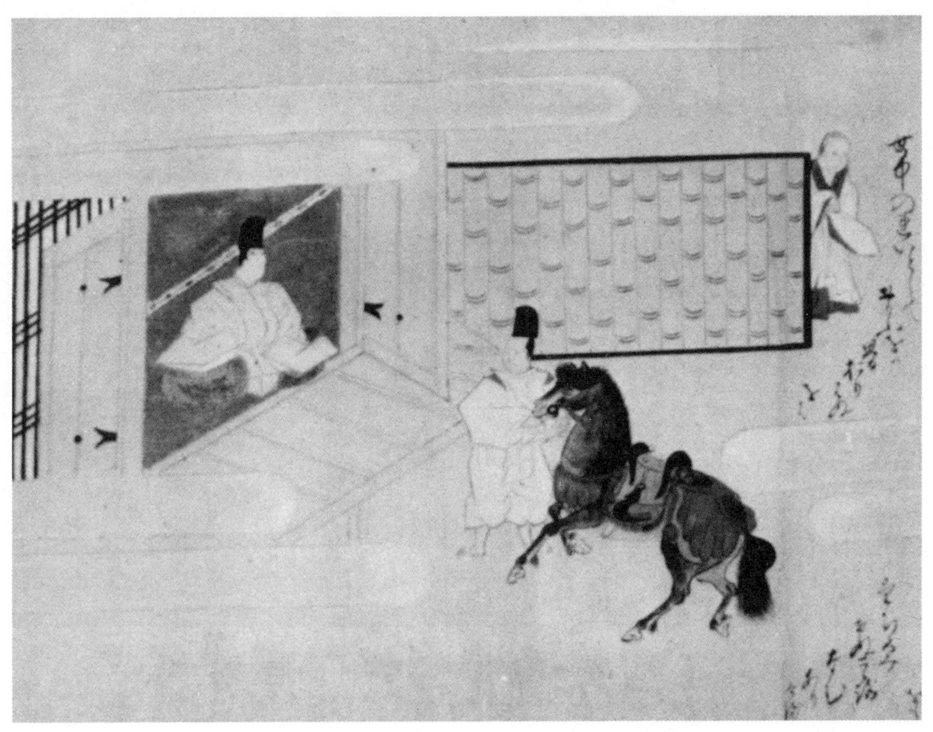

第八十九段

昔日有一个身份并不卑贱的男子，思慕一个比他优秀的、身份高贵的女子，终于白白度过苦闷的岁月。于是，他咏了如下一首歌：

无聊单恋知是谁，
恋死莫怪神作祟。

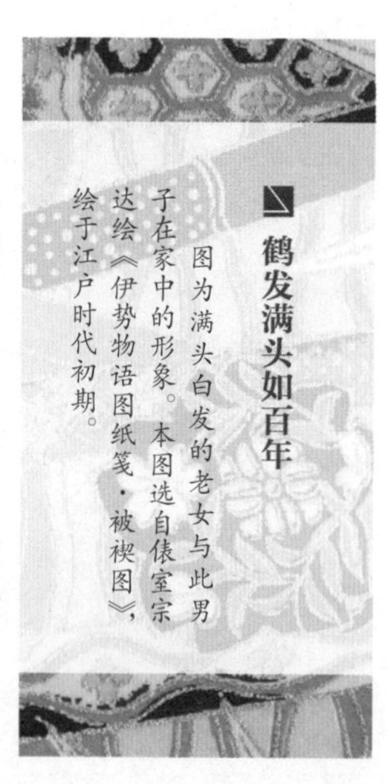

鹤发满头如百年

图为满头白发的老女与此男子在家中的形象。本图选自俵室宗达绘《伊势物语图纸笺·被禊图》，绘于江户时代初期。

第九十段

昔日有个男子，不知怎的竟爱上一个薄情的女子，女的大概还是同情他吧，对他说道：“你既然如此思念我，那就请隔着帘子和我说话吧。”

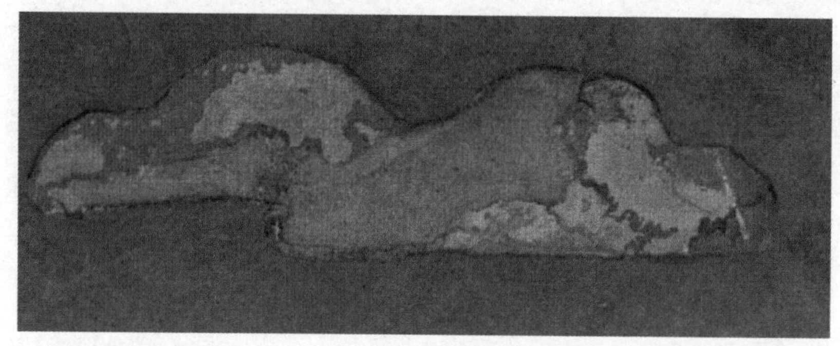

男的听了这话，非常高兴，但同时心情也很不安，于是在一枝盛开的、极其幽雅的樱花枝上，系上这样一首歌，叫人送给她，歌曰：

樱花今日吐芬芳，
明夜是否尚依然。

实际上，那女子的心情大概也是这样的吧。

第九十一段

昔日有个男子，由于不能与自己所爱慕的女子相见，悲叹自己虚度日月。到了暮春三月底的一天，他咏了如下一首歌：

惜春痛感留不住，
今日春尽已黄昏。

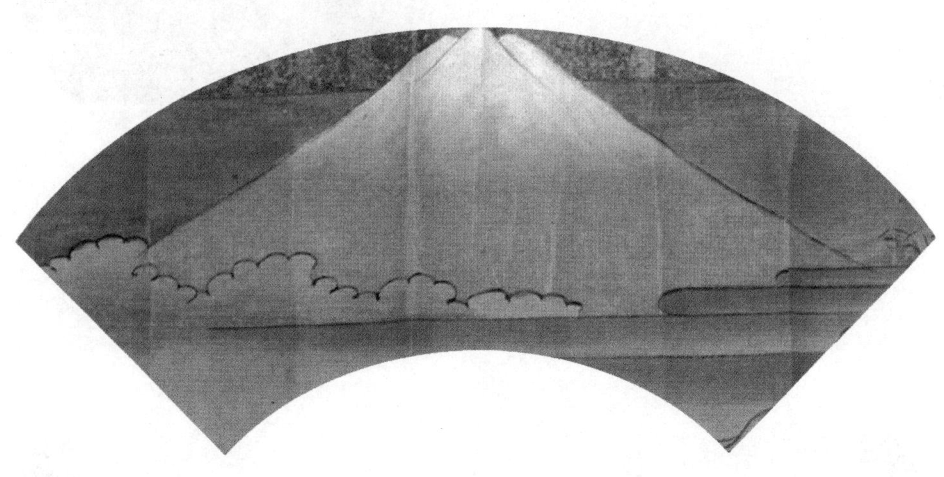

第九十二段

昔日有个男子，按捺不住相思之苦，每天都在此女子家附近徘徊。他连给此女子送去一封信也无法办到。他就咏了一首歌，曰：

芦苇丛中荡扁舟，

苦恋惆怅谁看透。

川畔祓禊求心静（一）

一个自称在原的男子，追求一个自幼相识的女子，又怕被人发现，会受到罢官的处分，心情十分狂躁，恋情更加澎湃。于是求神拜佛，以求还他一颗平静的心。图为此男子与请来的阴阳师在加茂川祓禊的场景。本图选自俵屋宗达绘《伊势物语图纸笺·祓禊图》，绘于江户时代初期。

第九十三段

昔日有个男子，不顾自己的身份低微，爱慕上一个高贵的女子，然而自己这份恋情，也未能传达到女子那里。也许缘此而使得他朝思暮想，坐立不安，痛苦不已，遂咏歌一首，曰：

自知之明人应有，
何必高攀自苦求。

此类事，古时也会遭世人所拒绝。

第九十四段

昔日有个男子，不知与一女子发生了什么情况，男子不再到女子家里来了。后来女子另嫁了他人。但她和前夫生了一个孩子，彼此关系虽然没有原先那样亲密，男子还是不时地给女子来信。此女子是个擅长绘画的人。有一回，前夫送来一把扇子，希望她在扇面上作画。她说，现任丈夫正在此，迟些日子才画。前夫等候了一两天，还不见她把画送来，满心不悦，遂给她写信说："你把我托付的事搁置到现在未办，虽说是意料中的事，但我总不免怀恨在心。"还附上一首歌。其时正是秋天，歌曰：

秋夜来临遗忘春，
想是烟雾胜霞云。

女子对此答歌曰：

千秋莫及一日春，
樱花红叶终凋零。

第九十五段

昔日有一个男子，侍奉二条皇后。他与同在此殿内供职的一女子经常见面，日久生情，男子爱慕女子已久了。一天，男子给此女子送了一封信，信中说道："哪怕隔帘相会，也可聊慰我内心的思恋。"

于是，此女子趁无人看见之时，隔着拉门与男子相会。男子千方百计地尽表衷情后，吟咏一首歌曰：

> 苦恋悲切胜牛郎，
> 唯盼早日渡银河。

此歌深深打动了此女子的心，她便答应幽会了。

第九十六段

昔日有个男子，爱慕一女子。彼此交往已久。此女子原本就不是一个硬心肠的无情人，她大概是可怜此男子的一番苦恋吧，逐渐对此男子产生了感情。彼此想相会时，适值六月中旬大暑天，此女子身上长了一两个疖子。于是，女子差人转告男子说："此刻，除了想念你外，我别无心思。不过，我身上长了一

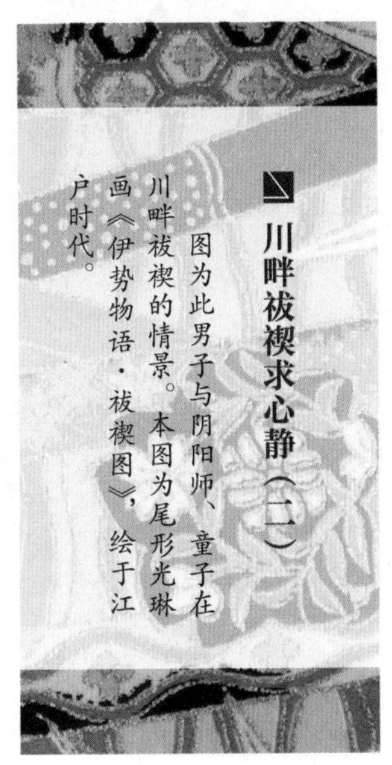

川畔祓禊求心静（二）

图为此男子与阴阳师、童子在川畔祓禊的情景。本图为尾形光琳画《伊势物语·祓禊图》，绘于江户时代。

两个疖子，加上天气炎热，我想待到秋风初起时节，一定与你相会。”

到了初秋，女子的父亲闻知自己的女儿私下到这男子那里去，勃然大怒，不停地严加斥责，家中便发生了争吵。此女子原本住在她母亲的娘家，发生了这件事之后，她的哥哥就来接她，要将她带到父亲家去。女子非常伤心，让人为她拾一片初红的枫叶，她在枫叶上书写了一首歌，歌曰：

秋来佳约已落空，
落叶凋零无缘逢。

写罢，她吩咐家里人说："倘使对方派人来，你们就把这个交给他吧。”留言后她就走了。

如此分别之后，此女子究竟过着幸福的日子，还是过着不幸的生活呢？不得而知。连她的居所也不知晓。男子悲伤、绝望，只顾怨天尤人，不顾一切地诅咒那女子。据说，此男子愤慨地说："唉！实在可怕，人之至诚诅咒，是否会应验呢，且等着瞧吧。”

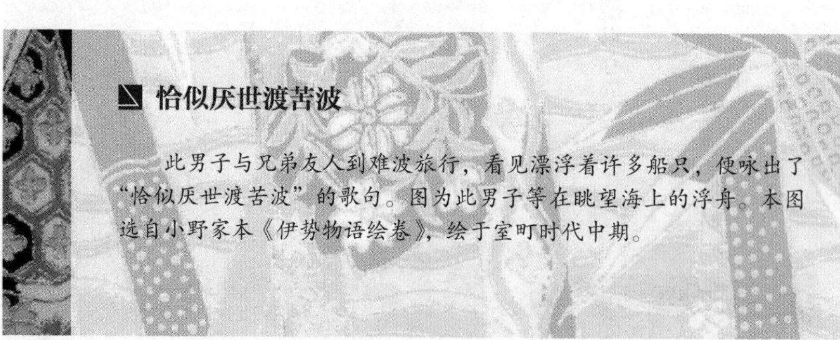

恰似厌世渡苦波

此男子与兄弟友人到难波旅行，看见漂浮着许多船只，便咏出了"恰似厌世渡苦波”的歌句。图为此男子等在眺望海上的浮舟。本图选自小野家本《伊势物语绘卷》，绘于室町时代中期。

第九十七段

昔日有个称为堀河太政大臣的人，在九条的自宅里举办宴会，庆贺自己四十岁生日。这天，有个任近卫中将的老叟咏了这样一首歌：

樱花蔽日漫天舞，
老眼昏花不识途。

第九十八段

昔日有个闻名远近的堀河太政大臣到来了。侍奉他的一个男子，于九月间将一只雉鸟系在一枝人造梅花上，差人奉献给大臣，还附上一首歌：

蒙君庇护心感化，
季时不变如造花［日语“季时”与“雉”谐音］。

太政大臣读了这首歌，万分喜悦，拿了许多奖品赏赐给来使。

第九十九段

昔日有个近卫中将，于右近卫府在马场上举办骑马射箭仪式那天，在场参观。他看见对面停放着一辆牛车，偶尔透过牛车垂帘瞥见了一个美女的面影，就咏了一首赠歌，歌曰：

似见非见斯倩影，
恋心实是难抚平。

那女子对此答歌，曰：

似识非识无打紧，
唯有真心可寄情。

后来，此男子知道了此女子是何人，两人终于得以相逢。

是梦是真说不清

此男子作为狩猎敕使去过伊势国，公主格外亲切地接待了他。此男子看中公主，有了一夜情。但公主行事谨慎，在众目之下，两人在殿宇内无法相会。男子读了公主的“是梦是真谁来怜”的咏歌，悲伤不已，于是吟道：“是梦是真说不清。”自己虽身在郊野狩猎，但心不在焉。图为此男子外出狩猎的场面。本图选自异本《伊势物语绘卷》，绘于镰仓时代后期。

第一百段

昔日有个男子，行经宫中后凉殿和清凉殿之间的走廊，一个贵妇从她的居室的垂帘下，伸出了一束忘草〔日语称“忘草”即萱草亦称“忍草”，“忍”与“思恋”谐音〕，向这男子探询道：“此亦可称忍草否？”男子接过此束草，答歌曰：

忘草蔓生遍山野，
思恋伊人非苟且。

第一百零一段

昔日有个男子，名叫在原行平，是左兵卫的长官。宫中任职的人，听说他家中有美酒，都来讨酒喝。一天，他以左中弁藤原良近作为主宾，设酒宴款待众宾客。

主人行平是个风雅之人，他在花瓶里养着各种鲜花。在这些花中，有一种珍奇的藤花，花串儿足有三尺六寸长。众人就以此花为题来咏歌。行将咏毕之时，主人之弟听说设有酒宴，也前来参加。在座众人执意拽住他，让他咏歌。此男子不会咏歌，他找出种种理由来推辞，但是众人还是硬要他吟咏。于是，他就咏出了如下一首歌：

众人乘凉藤花前，
藤阴浓重胜往年。

于是，人们问他："为何咏这样的歌？"他答称："太政大臣良房卿正当荣华鼎盛之时，藤原家庭尤盼不断繁荣下去，缘此我才咏了这样的歌。"在座众人就不再对此歌评头论足了。

君来我往难分辨

图为公主于子夜过后，悄悄来到此男子的房前，以及有关木刻文本。本图选自嵯峨本《伊势物语绘卷》，作于室町时代前期。

第一百零二段

昔日有个男子，对和歌虽无素养，惟对人生倒是理解深刻。一个出身高贵的女子，现已厌弃尘世，削发为尼。远离都城，遁居在边远的山村里。她本是此男子的亲戚，于是，此男子给她赠一首歌，歌曰：

出家山中未成果，
但闻遁居忘尘浊。

第一百零三段

昔日有个男子，在深草帝[仁明天皇的别称]时代做官。他为人忠实，办事认真，毫无轻浮之举。然不知为何，一念之差，竟错爱了一个某亲王宠爱的女子。某回，两人交欢后，翌日早晨，男子给女子咏了一首赠歌，歌曰：

共寝之夜似幻梦，
心欲求实更觉空。

咏出这首歌，多么不体面呀。

缘浅如溪徒步踩

此男子在郊野，期盼今宵有机会与一女子相聚。不料地方官听说狩猎敕使到来，设宴招待。他不能与女子相叙，暗自悲叹。此时女子派人送来酒杯上写的一首歌：“缘浅如溪徒步踩。”图为此男子（右三）正在酒杯上写下“过逢坂关定再来”的情景。本图选自真本《伊势物语绘卷》，绘于江户时代后期。

第一百零四段

昔日有个女子，毫无缘由，就削发为尼。她的形象尽管改变了，但内心依然留恋着尘世。大概是喜欢看热闹吧，一天她出门去观赏贺茂的葵节，一个男子发现了她，就咏了一首歌相赠，歌曰：

厌世为尼诚可惜，
盼君给我递眼色。

此乃侍神公主驱车前去观赏贺茂的葵节时的见闻。观赏过后，她就回去了。

第一百零五段

昔日有一个男子，自觉十分苦闷，对一个女子坦诚地说道：“如此苦闷，莫如一死了之。”女子对此答歌曰：

白露欲消趁早去，
无人喜悦残露迹。

这男子怀疑她另有所爱，心中有所怨恨。不过他恋慕此女子之情意，却越发浓重了。

第一百零六段

昔日有个男子，于秋末，众亲王出游之时，前往侍候。他在立田川畔，咏了一首歌，曰：

立田川水染奇红，
往昔神代未曾闻。

第一百零七段

昔日有个出身好的高级女官，在一个较有身份的男子家里供职。一个掌管起草诏令、宫廷录事的男子，名叫藤原敏行，他爱上了此女子。此女子容貌娇美，可能年纪太轻，未能麻利地书写赠答的信函，也不懂信函的遣词用句，当然更不会吟咏诗歌了。她写信也总是需要主人先拟草稿，她来照抄。藤原敏行读了一封代笔的信，万分欣喜，极力称赞，并咏了一首歌相赠，歌曰：

老迈常忆旧神代

皇太子之母参拜氏族神时，已是老人在原业平受赐物品后，咏歌奉献皇太子之母。图为在原业平向乘坐在牛车上的皇太子之母献歌的场面。本图选自小野家本《伊势物语绘卷》，绘于室町时代中期。

苦雨霏霏似泪川，
浸湿我袖难相访。

她照例由主人代笔答歌，歌曰：

泪川不深仅沾袖，
君心若诚当湿透。

敏行读歌，深感钦佩，遂将此歌放入书箱里，随身携带。这成为世间传诵的佳话。还是此男子敏行，与此女子相遇后，给她写信道：

“我本想前往拜访，只因天将下雨，且看天气情况而定，我若有幸，天将不会降雨。”

主人又为此女子代笔答歌曰：

来函情切是否真，
知我薄命雨阵阵。

敏行读了此歌，顾不上穿戴蓑衣斗笠，迫不及待地冒雨向女子那边跑去了。

第一百零八段

昔日有个女子，哀怨男子的无情，咏了一首歌，并像口头禅似地经常挂在嘴边吟咏，歌曰：

风掀海浪盖岩石，
恰似泪袖无干时。

男子听到此歌，作了如下的答歌：

夜夜传来青蛙鸣，
莫非君泪田间盈。

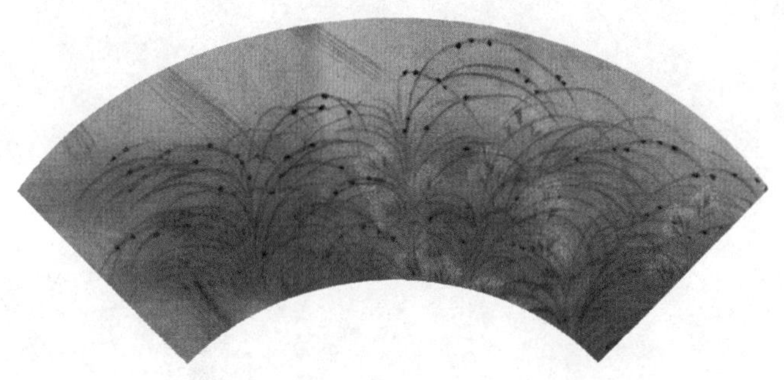

第一百零九段

昔日有个男子，他的友人失去了恋人，他咏歌一首以慰问，歌曰：

> 人胜于花易散离，
> 想必君知孰可惜。

第一百一十段

昔日有个男子，避人耳目，与一女子私通。一天，此女子给他写了封信，说道："昨夜我梦见你。"男子见信，答歌曰：

相思心切魂出壳，
今宵梦遇盼留驻。

为惜春逝凭吊至（一）

妃子仙逝，皇室为她做法事以凭吊，众人献上的供品有如山高。有人老眼昏花，误以为哪里移来一座真山，咏一首"春逝"的歌句。图为举行法事的场面。本图选自小野家本《伊势物语绘卷》，绘于室町时代中期。

第一百一十一段

昔日有个男子，装作为凭吊一个尚未谋面就已辞世的女子咏了一首歌，相赠一个身份高贵的女子，歌曰：

未曾谋面苦相思，
切身经历方始知。

女子答歌曰：

岂可妄言解裙带，
一厢情愿实难耐。

为惜春逝凭吊至（二）

妃子仙逝，皇室为她做法事。图为举行法事的简化场面。本图选自异本《伊势物语绘卷》，绘于镰仓时代末期。

接着又答歌曰：

无须再陈苦思恋，
解裙带时情可鉴。

樱花易谢更可赏（一）

惟乔亲王与堂兄弟在原业平，在春日樱花盛时来到郊野，赏樱作歌。人们咏颂："樱花易谢更可赏。"图为惟乔亲王在樱花树下举行酒宴的欢乐情景。本图选自小野家本《伊势物语绘卷》，绘于室町时代中期。

第一百一十二段

昔日有个男子，真诚地与一女子立下海誓山盟。岂料此女子突然变心，男子满怀怨恨，给女子一首歌，曰：

恰似须磨烧盐烟［须磨，地名］，
君心随风飘向远。

第一百一十三段

昔日有个男子，自己所爱的女子变了心，过着寂寞的鳏居生活，吟咏了这样一首歌：

> 人生似梦情易忘，
> 狠心女子缘暂短。

樱花易谢更可赏（二）

图为惟乔亲王与在原业平坐在樱花树下，一边对歌一边赏樱，展现了他们优雅的理想世界。图左为随从与车辕。本图选自异本《伊势物语绘卷》，绘于镰仓时代后期。

第一百一十四段

昔日，仁和天皇驾临芥川游猎时，有个初老的男子，若论年龄，已不适合当随从，不过他原是在宫中掌管饲鹰，天皇此番起驾游猎，也敕令他任大饲鹰之职随驾出游。其时，此男子身穿用草花汁液染制的猎装，上面有仙鹤图案。他写了这样一首歌：

勿讥老叟着华装，
此乃最后泣感恩。

仁和天皇御览了此歌后，露出不悦的神色。此歌原是此男子为自己年迈而咏的。可是，那些年长的陪同人听来，“此乃最后”这个词，似乎是在说自己，据说，仁和天皇似也有同感，所以露出了不悦的神色。

第一百一十五段

昔日有个男子，从京城来到陆奥国地方，与当地一女子同居。一天男子对此女子说："我要回京城去了。"女子十分悲伤，说道："我至少也要给你饯别吧。"说着，便在此地的奥井、都岛地方置办酒席饯行，并咏歌一首相赠，歌曰：

悲别奥井身似烧，
送君返都情留岛。

此男子读了这首歌后，大为感动，决心不回京城，留居此地了。

第一百一十六段

昔日有个男子，不知为何况漂泊到了陆奥国地方。他写了一首歌，寄给留守都城的妻子，歌曰：

透过涛影见家园，
阔别伊人多眷恋。

在歌后又添一句，写道："来到此乡间，已然纠正我昔日的放纵之心了。"

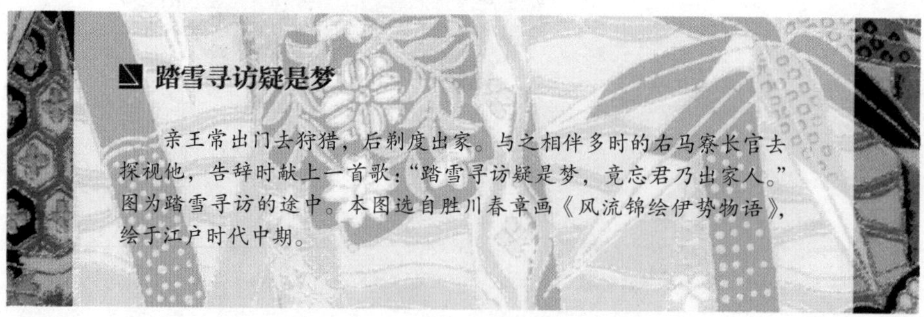

踏雪寻访疑是梦

亲王常出门去狩猎，后剃度出家。与之相伴多时的右马寮长官去探视他，告辞时献上一首歌："踏雪寻访疑是梦，竟忘君乃出家人。"图为踏雪寻访的途中。本图选自胜川春章画《风流锦绘伊势物语》，绘于江户时代中期。

春章画

第一百一十七段

昔日，某天皇出游驾临住吉地方，有个扈从的老叟咏了一首歌，曰：

住吉河岸植姬松，
几经岁月几秋冬。

其时，住吉的大明神突然显灵，咏歌一首：

和善圣君不知晓，
明神守此古至念。

第一百一十八段

昔日有个男子，久未给自己心爱的女子通信。一天，他给这个女子去信说："我绝未忘怀于你，近日我将前去与你相会。"女子读信后，答歌一首曰：

蔓草爬满诸树上，
妄言不忘难欢畅。

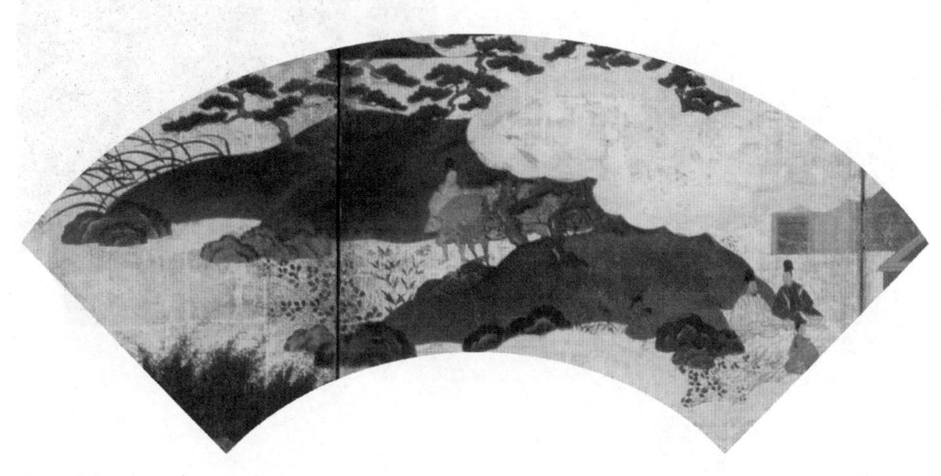

第一百一十九段

昔日有个薄情的男子，给一个女子留下了一件再相会时的纪念物。女子见此纪念物，咏歌一首曰：

见此念物视如仇，
相忘何须留念头。

芦屋滩边煮盐忙

此男子来到摄津国兔原郡芦屋村自己的领地。那里正如古歌所云："芦屋滩边煮盐忙，黄杨梳饰顾不上。"图为在芦屋滩边的黄杨树下忙于煮盐的人们。本图选自胜川春章图《风流锦绘伊势物语》，绘于江户时代中期。

勝川春章画

第一百二十段

昔日有个男子曾向一个女子表达过爱慕之情。他觉得此女子纯真直率，似未曾谈过恋爱，不料，后来听说此女子已经与另一男子私通过。其后过了许久，他咏了如下一首歌：

筑摩锅节若早至，

可观狠女戴几锅［筑摩神社供奉厨神，每年五月初八，举办锅节，妇女头戴纸造锅，有几个情郎就戴几口纸锅，随神舆游街］。

泪珠飞沫孰居多

此男子与众人登山眺望那水帘似的瀑布，它简直像一匹白绢从上倾泻而下，落在山岩上的流水，飞溅起大小的飞沫。于是，此男子让众人以此景观为题咏歌。有人咏曰："寿命期限难揣摩，泪珠飞沫孰居多。"图为此男子与随从眺望瀑布的情景，有的人则在一旁休憩。本图选自《伊势物语屏风图》，绘于江户时代中期。

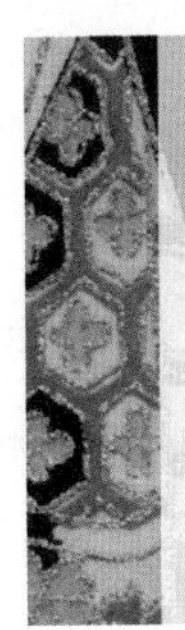

藤阴浓重胜往年

在原业平设宴招待权倾一时的藤原氏。众人以藤花为题咏歌。其中有一首:“众人乘凉藤花前，藤阴浓重胜往年。”这是暗喻藤原氏不断繁荣，故无人敢品评此歌了。图为众人在备好的砚台、笔、纸前的咏歌风采。本图选自小野家本《伊势物语绘卷》，绘于室町时代中期。

第一百二十一段

昔日有个男子，看见他亲爱的女子从宫中的梅壶殿退出时，衣服都被雨淋湿，便吟咏一首赠歌，歌曰：

黄莺穿柳编花笠，
伊人戴上免淋湿。

女子对此答歌曰：

似火热情胜花笠，
烘干湿衣始回去。

伊人戴上免淋湿

此男子看见自己亲爱的女子从殿宇退出被雨淋湿，便赠歌一首给女子："黄莺穿柳编花笠，伊人戴上免淋湿。"图为女子走在雨中的庭院里。本图选自小野家本《伊势物语绘卷》，绘于室町时代中期。

第一百二十二段

昔日有个男子，与一个女子订下了海誓山盟，可是此女子后来毁约了。男子给她送去一首歌：

> 玉川水畔订山盟，
> 曾几何时成路人。

可是，那女子无反应。

第一百二十三段

昔日有个男子，与住在伏见深草村的一个女子相恋。后来此男子逐渐萌生厌倦之意，咏了这样一首歌：

行将远离久居乡，
深草村或将荒凉。

女子对此答歌一首，曰：

若成荒野宿鹌鹑，
夜夜啼鸣催君归。

此男子读了此歌，深受感动，遂改变主意，不再离开此女子的住地了。

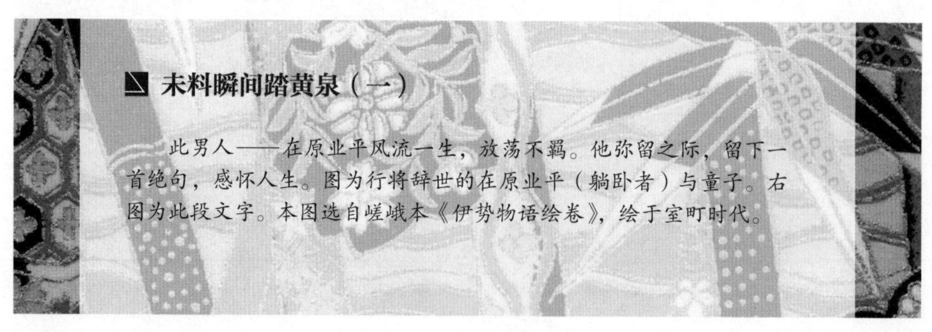

未料瞬间踏黄泉（一）

此男人——在原业平风流一生，放荡不羁。他弥留之际，留下一首绝句，感怀人生。图为行将辞世的在原业平（躺卧者）与童子。右图为此段文字。本图选自嵯峨本《伊势物语绘卷》，绘于室町时代。

第一百二十四段

昔日有个男子，不知为何在深思，只见他咏了这样一首歌：

为何沉思不言语，
只缘世间无知遇。

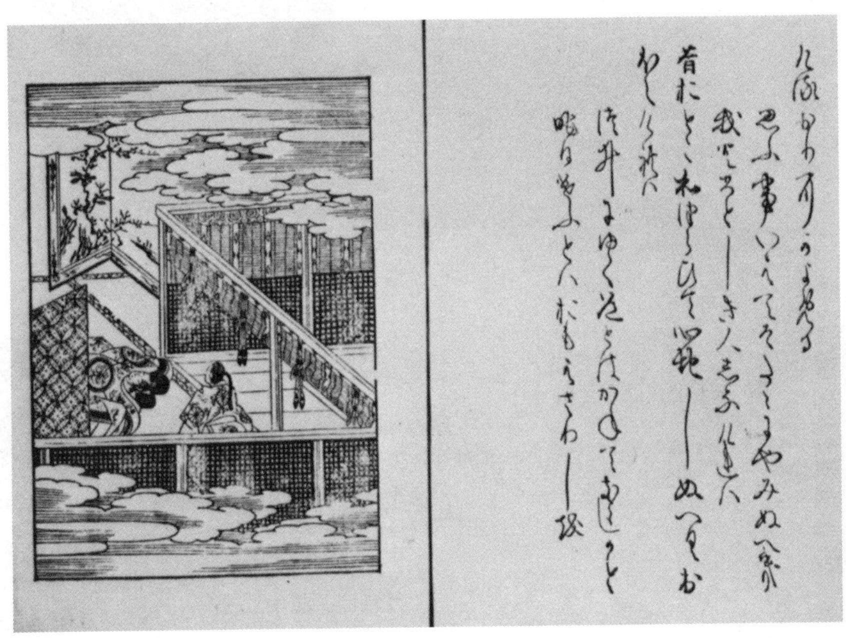

第一百二十五段

昔日有个男子，病入膏肓，自知行将谢世，弥留之际咏了这样一首歌：

人终有死早闻见，
未料瞬间踏黄泉。

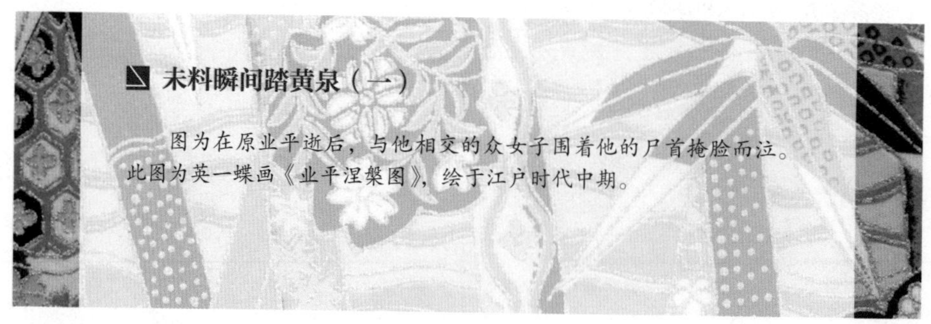

未料瞬间踏黄泉（一）

图为在原业平逝后，与他相交的众女子围着他的尸首掩脸而泣。此图为英一蝶画《业平涅槃图》，绘于江户时代中期。

以菱川師宣圖蹟
北窗翁一蝶書

◪ 未料瞬间踏黄泉（三）

在原业平逝后，人们将他视为歌神住吉神的化身，与春日明神是一体的，他是骑鹿“垂迹”［指佛是神的本体，神是佛的化身这一神佛融合，称“本地垂迹”］的。所以《伊势物语》的故事，是从在原业平的春日乡初恋开始，将他的“垂迹”状况物语化。上列的一些图都有鹿的存在，也许与神道文化传统有某种历史和文化的联系？图为骑鹿的在原业平。此图为匾额，年代未详。

图片索引

在原业平像　导读 3 页
一代歌仙的终焉　导读 5 页
在原业平歌仙绘　导读 9 页
春日野遇紫花草（一）　2–3 页
春日野遇紫花草（二）　5 页
春日野遇紫花草（三）　9 页
春日野遇紫花草（四）　13 页
激越恋心如潮骚（一）　17 页
激越恋心如潮骚（二）　21 页
望断秋雨恋慕娇　23 页
我身虽依旧，人面何处寻（一）　27 页
我身虽依旧，人面何处寻（二）　29 页
我身虽依旧，人面何处寻（三）　31 页
月是去年月，春仍往昔春　32 页
惟盼守者盹通宵　36–37 页
我愿伴君似露珠（一）　41 页
我愿伴君似露珠（二）　47 页
我愿伴君似露珠（三）　50–51 页
我愿伴君似露珠（四）　53 页
我愿伴君似露珠（五）　55 页
跋涉远游好孤寂（一）　58–59 页
跋涉远游好孤寂（二）　65 页
跋涉远游好孤寂（三）　67 页
骏河宇津山路深（一）　69 页
骏河宇津山路深（二）　72 页
骏河宇津山路深（三）　75 页
富士不识时令迁（一）　77 页
富士不识时令迁（二）　81 页
富士不识时令迁（三）　84–85 页
都鸟应知都城事（一）　87 页
都鸟应知都城事（二）　88 页
都鸟应知都城事（三）　91 页
我家伊人又何如　95 页
不访来访皆揪心　97 页
夫君与我匿草丛（一）　98–99 页
夫君与我匿草丛（二）　104 页
夫君与我匿草丛（三）　107 页
不愿苦恋折磨死（一）　110–111 页

不愿苦恋折磨死（二） 115 页
樱花自古易凋落 118 页
幽怨绵绵恋参半 121 页
青梅竹马戏井边 127 页
苦恋度日好惆怅（一） 129 页
苦恋度日好惆怅（二） 130 页
等待三年无音信 132 页
梓弓有别人各异 136 页
惟欲一死表钟情 139 页
漫山紫草皆可爱 141 页
他年出阁诚可惜 144 页
情长难尽此更宵 146 页
莫非对我有所恋 153 页
鹤发满头如百年 155 页
川畔祓禊求心静（一） 159 页
川畔祓禊求心静（二） 163 页
恰似厌世渡苦波 165 页
是梦是真说不清 168 页
君来我往难分辨 171 页
缘浅如溪徒步踩 172 页
老迈常忆旧神代 176 页
为惜春逝凭吊至（一） 180 页
为惜春逝凭吊至（二） 182–183 页
樱花易谢更可赏（一） 185 页
樱花易谢更可赏（二） 186–187 页
踏雪寻访疑是梦 191 页
芦屋滩边煮盐忙 195 页
泪珠飞沫孰居多 196–197 页
藤阴浓重胜往年 199 页
伊人戴上免淋湿 201 页
未料瞬间踏黄泉（一） 203 页
未料瞬间踏黄泉（二） 205 页
未料瞬间踏黄泉（三） 206 页

图书在版编目（CIP）数据

伊势物语图典 /（日）无名氏著；叶渭渠主编；唐月梅译．—上海：上海文化出版社，2019.1
（日本古典名著图读书系）
ISBN 978-7-5535-1371-3

Ⅰ.①伊… Ⅱ.①无… ②叶… ③唐… Ⅲ.①长篇小说—日本—中世纪 Ⅳ.① I313.43

中国版本图书馆 CIP 数据核字（2018）第 178535 号

出 版 人：姜逸青
策 划 人：贺鹏飞
责任编辑：何智明
特约编辑：苑浩泰　张　莉
装帧设计：灵动视线

书　　名：伊势物语图典
作　　者：（日）无名氏
主　　编：叶渭渠
译　　者：唐月梅
出　　版：上海世纪出版集团　上海文化出版社
地　　址：上海市绍兴路 7 号　200020
发　　行：上海文艺出版社发行中心
　　　　　上海福建中路 193 号　200001　www.ewen.co
印　　刷：北京京都六环印刷厂
开　　本：889 × 1194　1/24
印　　张：10
印　　次：2019 年 1 月第一版　2019 年 1 月第一次印刷
国际书号：ISBN 978-7-5535-1371-3 / I.509
定　　价：65.80 元
告 读 者：如发现本书有质量问题请与印刷厂质量科联系　T：010-85376178